LICHTWELT VERLAG
WIEN

1. Auflage 2020

Lichtwelt Verlag JJK OG, Marktstraße 69, A-2162 Falkenstein
E-Mail: office@lichtweltverlag.at
Telefon: +43 2554 880 95
Telefax: +43 1 253 30 33 1750

www.lichtweltverlag.at

Druck+Gesamtherstellung: Druckerei Janetschek GmbH, Heidenreichstein, Waldviertel. Gedruckt in Österreich auf dem FSC®-zertifizierten Papier Münken Print Cream, chlorfrei gebleicht, aus nachhaltig bewirtschafteten Wäldern und kontrollierten Quellen.

MIX
Papier
FSC FSC® C001924

ISBN 978-3-9504748-4-8

JAHN J KASSL

ENTSCHEIDENDE JAHRE DER MENSCHHEIT

EDITION
MEISTER
DIALOGE

ENTSCHEIDENDE JAHRE DER MENSCHHEIT

GESPRÄCHE **JAHN J KASSL** MIT

TOTH
JESUS CHRISTUS
MEISTER KUTHUMI
SANANDA
ADAMA VON TELOS
DIE GROSSE BAUMSEELE
ATMAR
GOTT
MEISTER ST. GERMAIN
ERZENGEL HANIEL
BABAJI

OKTOBER 2019 – APRIL 2020

INHALT

DIE ENTSCHEIDENDEN JAHRE DER MENSCHHEIT haben begonnen und ein JEDER von uns trägt auf einmalige und unersetzliche Weise Verantwortung für die Zukunft. Ein JEDER von uns trägt das Wissen, das wir jetzt für einen lichtvollen Umbruch und für die Umkehr der Menschheit benötigen, in seinem Herzen.

JAHN J KASSL

VORWORT DES AUTORS

DIE ZUKUNFT LIEGT IN UNSERER HAND!

„Entscheidende Jahre der Menschheit!“ Der Titel dieses Buches ist Programm. In jedem Gespräch steht die Zukunft der Menschheit im Mittelpunkt und es werden uns von den geistigen Ebenen des Lichts Lösungen zur aktuellen Misere präsentiert. Es ist nicht zu leugnen: Die Menschheit befindet sich am Scheideweg! Entweder schaffen wir den positiven Umbruch und die Umkehr in das Licht – oder wir fahren mit Vollgas an die Wand.

Noch nie zuvor in der Menschheitsgeschichte standen solch große Entscheidungen an und noch nie zuvor boten sich dem einzelnen Menschen so viele Gelegenheiten, sich selbst zu befreien und sich aus dem Schlamassel zu ziehen.

Die Aufgestiegenen Meister, die Engel und Erzengel und Gott selbst leiten uns heute direkt an. Das Licht aus der ZENTRALEN SONNE wirkt und erreicht unsere Herzen.

Was wir selbst aufbringen müssen, ist die Bereitschaft, uns ganz auf uns selbst und unsere spirituelle Führung einzulassen.

Denn eines stellt sich – bestimmt nicht nur für mich – immer mehr heraus: ***Nur mithilfe unserer inner- und außerirdischen Geschwister aus dem Licht werden wir den Sprung in die neue lichtvolle Zeit bewältigen!***

Auf der Oberen Erde nehmen die Manipulationen derart zu, sodass es für den einzelnen Menschen heute kaum möglich ist, den Durchblick zu behalten. Unsere Demokratien sind Diktaturen und die Selbstbestimmung der Völker ist genauso passé wie die Mitbestimmung von uns Menschen an wichtigen gesellschaftspolitischen Entwicklungen. Niemand wird mehr gefragt, eine kleine Elite setzt sich über alles hinweg und führt diese Menschheit in die totale Abhängigkeit, Verwirrung, Überwachung und Kontrolle.

Im Sog der Corona-Krise werden diktatorische Maßnahmen – wie Ausgangssperren und Überwachung mittels Drohnen – beschlossen und umgesetzt. Die Demokratie ist ein Auslaufmodell!

Auch am Beispiel von 5G ist dies eindrucksvoll verdeutlicht. Bald schon sollen wir gläsern sein, so transparent, wie wir es noch niemals waren. Unsere Freiheit scheint genauso verloren wie unsere Zukunft. *„Niemand soll mehr kaufen oder verkaufen können, es sein denn, er trägt das Malzeichen!"*, diese Offenbarung[1], die auf die Verchippung der Menschheit hinweist, beginnt sich zu erfüllen – und die meisten Menschen haben nicht einmal die leiseste Ahnung davon, was mit ihnen geschieht. Das sind keine guten Aussichten, wenn Sie mich fragen!

Jedoch – ich hege Zuversicht. Berechtigt? Ich denke JA, denn auch wenn der Dampfer eindeutig in die falsche Richtung fährt, so gibt es immer noch genug Möglichkeiten für eine Kursänderung und sogar für eine Umkehr. Dabei kommt es auf jeden von uns an!

Ein jeder EINZELNE ist wichtig und bedeutend. Wir selbst erschaffen unsere Zukunft.

Auch wenn wir augenscheinlich kaum noch etwas mitzureden haben, so sind wir immer noch der Souverän unseres eigenen Lebens, eines Lebens, das erst gelebt werden kann, wenn wir uns unserer ganzen Kraft und Macht bewusst werden.

Wir sind nicht nur Menschen aus Fleisch und Blut,
sondern vor allem lebendige kosmische Wesen.
Wir sind pure Schöpferkraft und unsterblicher Geist.
Wir sind so viel mehr, als wir gemeinhin glauben zu sein.

Dieses Buch weist uns Wege aus der globalen und individuellen Krise – und um es vorwegzunehmen: Selbstmord ist keine Lösung!

Am Ende des Buches gibt uns MAHAVATAR BABAJI klar zu verstehen, dass es nicht darum geht, von hier zu flüchten, sondern das Leben verantwortungsbewusst in die eigene Hand zu nehmen. Geburt und Tod sind ein Augenzwinkern Gottes, im großen kosmischen Plan.

Die Gespräche beleuchten gleichwohl die irdische als auch die transzendente Ebene und führen dich dadurch zu neuen Sichtweisen - und genau darum geht es jetzt, denn, wie eingangs beschrieben, haben wir es nur scheinbar mit einer Übermacht, die auf Erden schalten und walten kann, wie sie möchte, zu tun. Es ist dieser Schein, dem viele erliegen und wodurch die Ohnmacht seine zersetzende Kraft auf den einzelnen Menschen ausübt.

Auch wenn sich die meisten Menschen nicht mehr daran erinnern: ***Wir sind überaus mächtige Wesen und als solche haben wir unsere Zukunft in der Hand.***

Jedes einzelne Thema in diesem Buch soll dich dir selbst näherbringen und dich nicht nur zum Nachdenken anregen. Es kann dich zum Umdenken bewegen, deine Umkehr einleiten oder deinen bereits begonnen Weg beschleunigen. Denn alles beginnt mit einem einzigen richtigen und lichtvollen Gedanken und setzt sich fort in einem mutigen Entschluss.

Die größte Umweltverschmutzung entsteht in unserem Kopf!

Dieses Buch vermittelt uns Wege, wie wir uns innerlich klären, damit wir von vielem, was uns jetzt „bedroht", unerreicht bleiben und wieder klar denken können.

Die 32 Kapitel dieses Buches werfen viele Fragen auf und beantworten sie, Fragen, die vielleicht auch SIE schon längst den Aufgestiegenen Meister, den Erzengeln oder Gott stellen wollten. Wir werden mit einem praktischen Leitfaden, einer Lichtspur in das Goldene Zeitalter [2] ausgestattet. Der Themenbogen ist weit gespannt:

Vom Unsinn des Missionierens über das richtige Verständnis von Gewalt bis hin zur Installation des kosmischen 5G-Kristallgitters. Dieser Schutz vor der 5G-Strahlung wurde von TOTH bei der 106. Lichtlesung (am 1. 11. 2019) initiiert und viele Menschen haben seither tatkräftig daran mitgewirkt. Wir können den schädlichen technologischen Entwicklungen etwas entgegensetzen. Wir müssen es nur tun und wahrhaben können.

Weiter geht es im Buch vom „katholischen Amen" zur „altägyptischen Gottheit Amun", vom „Schwert", das den Frieden bringt, ist die Rede und von einer bisweilen „empathielosen Menschheit".

Auch die Beichte und die Sakramente werden erläutert und die Tatsache, dass wir uns im Wettlauf mit der Zeit befinden. Sollen wir uns an Revolutionen beteiligen und was ist das wirklich Entscheidende in den kommenden Jahren? 5G nimmt einen gebührenden Raum ein und in einer zutiefst berührenden Botschaft meldet sich dazu die GROSSE BAUMSEELE. *„Wir werden unser Bestes geben!“*, heißt es in dieser Botschaft. Wir Menschen täten gut daran, es den Bäumen gleich zu tun!

Der Themenbogen spannt sich weiter bis zur Frage, ob es ein plötzliches kollektives Erwachen geben wird und ich frage: „Warum sägt die Menschheit an dem Ast, auf dem sie sitzt?“

Wie wird Glück erreicht und sind wir Menschen nicht alle spirituelle Kanäle, die das Göttliche in uns tragen und es weiterreichen können?

Erneut konnte ich Fragen, die vielen Menschen auf der Seele brennen, den hohen geistigen Lichtebenen vortragen. Die Antworten sind klar und weiterführend, sind praktisch und nehmen direkt Bezug auf unseren Alltag. Keine abgehobenen Tipps, die nicht in das Leben zu integrieren sind, sondern lebensnahe Hinweise, die ganz neue Perspektiven eröffnen und einer neuen Lebensrealität den Boden bereiten.

In diesem Buch werden uns Wege aus der Krise aufgezeigt und wir erhalten Lösungen. Diese aktuellen Gespräche zur Lage auf dieser Welt machen Mut und laden uns dazu ein, unser Schicksal selbst in die Hand zu nehmen, ja, wir können es, wir haben nur verlernt, uns selbst zu vertrauen! Denn genau darauf kommt es an – auf unseren festen Willen, uns selbst LICHTER zu machen.

Dafür gilt es zuerst eine Entscheidung für das Lichte und Gute zu treffen, danach ist die Verbindung zu unserer geistigen Familie herzustellen und auf deren Hilfestellungen bereitwillig zu antworten.

Wir sind niemals alleine, doch wie oft fühlen wir uns so? Warum? Da uns die innere Anbindung an unsere Seele und die innere Anbindung an unsere spirituelle Familie fehlen. Ja, wir haben es selbst in der Hand, die Zukunft wird von uns, von jedem Einzelnen gestaltet. Indem wir uns selbst wieder vertraut werden, verwandeln wir uns und es verwandelt sich die Welt mit uns – innen wird zu außen, das Resonanzgesetz wirkt.

Während wir unsere individuellen Prozesse zur Entfaltung durchlaufen und gleichzeitig mit Bedrohungen in der äußeren Welt konfrontiert werden, ist es wunderbar tröstlich zu wissen, dass bestimmte Dinge auf der Erde nicht mehr zugelassen werden.

„Der größte Schaden – das heißt, die Selbstauslöschung der Menschheit – wird nicht eintreten. Was geschehen wird, ist, dass die Menschheit zur Besinnung gebracht wird und dass einzelne Menschen mit ihren negativen Gedanken, schädlichen Absichten und verwerflichen Taten konfrontiert werden, damit sie umkehren können.“
(DIE GROSSE BAUMSEELE)

Unsere innerirdischen und außerirdischen Geschwister sowie die Naturwesenheiten stehen uns bei – mit größeren Kräften als je zuvor.

Zusammengefasst kann festgehalten werden: Obwohl sich eine unglaubliche Dramatik aufbaut, steht fest, am Ende siegt das Licht und die Liebe triumphiert.

Bis dahin braucht es jeden einzelnen von uns – und es braucht uns ganz, gesund und geheilt, erst dann können wir unseren Beitrag zum Wandel leisten. Deshalb ist unserer eigenen Transformationsarbeit in diesem Buch die größte Aufmerksamkeit gewidmet. Aus meinem Inneren entwickle ich alles: Macht oder Ohnmacht, Angst oder Liebe.

Wir sind aufgerufen, noch mehr Anstrengungen zu unternehmen, um selbstbestimmt und selbstbewusst zu werden. Alles Leben ist Schwingung und es gibt für den Menschen die Möglichkeit, die Eigenschwingung anzuheben, sodass uns bestimmte Frequenzen nicht mehr tangieren. Diese Arbeit kann jedoch nur ein jeder Mensch bei sich selbst verwirklichen.

Diese Arbeit kann dir niemand abnehmen!
Wenn du beherzt bist, ist dir eine stete spirituelle Entwicklung gewiss und du wirst dich auch in dieser ver-rückten Zeit auf dieser Welt gut zurechtfinden. Du bist orientiert und bleibst bei dir selbst.

Genau darum geht es bei allen unseren Anstrengungen, die wir jetzt unternehmen. Um Schaden von uns und der Menschheit abzuwenden und um schließlich eine neue Ära einzuläuten, müssen wir aufwachen und uns auf unsere Kraft besinnen. Das ist ein MUSS, kein „DÜRFEN“, „SOLLEN“ oder „KÖNNEN!“

Was in den bisher 7 Bänden der Meisterdialoge beschrieben ist, findet hier eine umfangreiche Fortsetzung. Anhand der aktuellen Lage erhalten wir einen Einblick auf eine mögliche Zukunft der Menschheit und wir werden uns bewusst, wie sehr es auf jeden Einzelnen von uns ankommt.

DIE ENTSCHEIDENDEN JAHRE DER MENSCHHEIT haben begonnen und ein JEDER von uns trägt auf einmalige und unersetzliche Weise Verantwortung für die Zukunft.

Ein JEDER von uns trägt das Wissen, das wir jetzt für einen lichtvollen Umbruch und für die Umkehr der Menschheit benötigen, in seinem Herzen.

Es ist die größte Offenbarung, wenn sich dir deine wahre Natur, deine wirkliche Macht und göttliche Schönheit enthüllen. Niemals war das notwendiger als heute – IN DEN ENTSCHEIDENDEN JAHREN DER MENSCHHEIT.

In Liebe

JAHN J KASSL

Du kannst keinen einzigen Menschen ändern. Was du verändern kannst, ist deine Sichtweise auf die Menschen. Keine einzige Antwort fruchtet dort, wo der Boden für die richtige Frage noch nicht bereitet wurde.

TOTH

REDEN ODER SCHWEIGEN?

TOTH

WANN IST JEDES WORT ZU VIEL?
MISSIONARISCHEN IMPULS ABLEGEN
DREIMAL HINWEISEN, DANN SCHWEIGEN
WIE ERREICHE ICH JEMANDEN?
PRAKTIZIERE DIE NICHTEINMISCHUNG

02. OKTOBER 2019

WANN IST JEDES WORT ZU VIEL?

Ich bin mitten unter euch! Ich bin bei dir, geliebter Mensch, Wesen aus dem Wesentlichen und Schöpfer vom Schöpfer. Ich teile mich durch diesen Kanal mit, um euch in praktischen Dingen zu unterstützen – nicht das Überirdische bin ich gekommen zu offenbaren, sondern das Irdische und wie alles, was du denkst, fühlst und tust, mit dem Überirdischen zusammenwirkt.

Komm, geliebter Bruder, geliebte Schwester, die Weisheit des Lebens will von dir – ohne dass du darum ringen musst – erlangt werden.

Heute widmen wir uns der Frage: reden oder schweigen? Was ist wann erforderlich und was ist wo besser?

MISSIONARISCHEN IMPULS ABLEGEN

Noch immer neigen viele Menschen dazu, ungefragte Fragen aufzuwerfen oder sie vorauseilend zu beantworten. Der missionarische Impuls aus unterschiedlichen Leben ist in vielen Menschen noch sehr lebendig. Doch das sollte nicht mehr sein – heute gilt es im richtigen Moment zu sprechen und im richtigen Moment zu schweigen. Diese Fähigkeit zu erwerben, sollte an vorderster Stelle bei allen euren Bemühungen stehen.

Bewusstseinsarbeit heißt, sich in allem bewusst zu werden – und das schließt deinen achtsamen Umgang mit den Mitmenschen ein.

DREIMAL HINWEISEN, DANN SCHWEIGEN

Ich rate euch an, niemals mehr als dreimal einen Menschen auf etwas hinzuweisen – und dies in Milde und in Liebe, achtsam und voller Mitgefühl. Hat der Mensch keine Veranlagung, das zu verstehen, dann lasst es sein.

Jede Aktion erzeugt ein eigenes Schwingungsfeld und jede Antwort auf eine nie gestellte Frage erzeugt Zurückweisung – mit der ihr dann umgehen müsst. Dabei geht sehr viel Energie verloren, Energie, die bei anderen kreativen und schöpferischen Projekten besser aufgehoben ist.

Es mag sein, dass es euch nicht gelingt, euch jemandem mitzuteilen – oder es mag sein, dass der Nächste nicht versteht, was ihr mitteilen wollt. In beiden Fällen ist ab dem dritten Mal jedes Wort zu viel!

In diesem Falle mache lange Pausen oder schweige so lange, bis jemand eine klare Frage formuliert. Damit signalisiert der Mensch, dass er für die Antwort bereit und aufnahmefähig ist. In dieser Übertragung lade ich dich ein zu mehr Schweigsamkeit.

Erwarte von niemandem, dass er deine Erkenntnisse teilt, diese nachvollziehen kann oder ihnen sogar Folge leistet.

Selbst deine Kinder, sind nicht deine Kinder! Jeder Mensch gehört sich selbst und entscheidet selbst, wann er zu hören beginnt. Beachte das Wort „ge-hört". Was ein Mensch wann hören und verinnerlichen will, bis es ihm ge-hört, diese Entscheidung ist ihm selbst überlassen: „GE-HÖRT" nur ihm selbst.

Verschwende keine Energien mehr und glaube nicht, dass du deinen Mitmenschen das Leben oder die Welt erklären sollst.

Antworte – und das ist der zweite Teil dieser Übermittlung – antworte auf Fragen. Beantworte die Fragen verständlich, klar und ohne aus- oder abzuschweifen.

Bedenke bitte immer: Jeder Mensch muss das Gehörte aufnehmen und integrieren. Je kleiner die Portionen, desto verdaulicher sind sie, vor allem dann, wenn schwierige Inhalte übermittelt werden, dann, wenn der „Egobezogene" auf die bedingungslose Liebe trifft und der Gottlose auf Gott stößt, dann gilt es jene Worte zu wählen, die der Situation am besten dienen.

Bleibt bei allem gelassen und hört auf, über Dinge zu sprechen, nach denen ihr nicht gefragt werdet und die niemanden interessieren!

WIE ERREICHE ICH JEMANDEN?

Bei einem geliebten Menschen, der dich ignoriert, magst du fragen: Wie erreiche ich ihn?

Doch diese Frage ist schon der erste Irrtum! Denn du erreichst niemanden, indem du eine Technik einstudierst. Jeder Mensch merkt es irgendwann, dass du ihn zu überlisten versuchst. Wer sich einem Menschen auf der Gesprächsebene von hinten nähert – und jeder rhetorische Trick ist ein energetisches sich von hinten Nähern – wird verdienterweise Ablehnung und oft Aggression erfahren. Wenn du in der Verantwortung stehst und glaubst, jemanden „erreichen“ zu müssen – so probiere es dreimal, dann lass es sein, warte auf einen entfernten Tag und bleibe gelassen.

PRAKTIZIERE DIE NICHTEINMISCHUNG

Auch wenn es deine Nächsten sind: Ein jeder Mensch entwickelt sich nach seinem Seelenplan und ein jeder Mensch geht seinen einzigartigen Weg.

Diesen Weg zu achten, ist des Menschen oberste Pflicht und jede unerwünschte Einmischung ist ein Übergriff.

Praktiziere die Nichteinmischung in deinem nächsten Umfeld. Gelingt es dir in deinem Clan, gelingt es dir überall.

Du kannst keinen einzigen Menschen ändern. Was du verändern kannst, ist deine Sichtweise auf die Menschen. Keine einzige Antwort fruchtet dort, wo der Boden für die richtige Frage noch nicht bereitet wurde.

Jeder Mensch ist ein eigenes schöpferisches Universum – und was du an Wissen und Erfahrungen weitergeben kannst, wollen die Meisten deshalb nicht hören, da sie das Leben selbst leben wollen.

Erst ab einer hohen Stufe von Bewusstheit vollzieht sich die Transformation weg vom Lernen durch Erfahrung hin zum Lernen durch Erkenntnis.

Gott ist der Schöpfer im Menschen und der Mensch ist der Schöpfer seines Lebens.

Ich bin TOTH

Kein Schöpferwesen ist jemals ein Opfer und jedes Opfer ist noch kein Schöpferwesen.

TOTH

WAS, WENN KINDER FERNSEHEN WOLLEN?

GESPRÄCH MIT
TOTH

NICHTEINMISCHUNG AUCH BEI KINDERN?

03. OKTOBER 2019
16 UHR

NICHTEINMISCHUNG AUCH BEI KINDERN?

JJK: In der gestrigen Botschaft „Reden oder schweigen?", heißt es „Niemals ungefragte Fragen beantworten!" und „Praktiziere die Nichteinmischung". Sind Kinder bis zu einem gewissen Maße eine Ausnahme? Denn manchmal muss man ja „eingreifen", zum Beispiel, dass ein Kind nicht fernsehen darf, wenn es das unbedingt möchte - und das stößt nicht immer auf Gegenliebe?

TOTH: Einzugreifen in Liebe, heißt, Verständnis zu erschaffen, dann kommt die Gegenliebe von selbst, eingreifen - ja - doch nicht in einer Endlosschleife.

Endlose Hinweise oder Belehrungen sind der Tod jeder Entwicklung. Erfahrungen kann der Mensch nur selbst machen, Wachstum wird nur auf diese Weise kreiert. Daher sind die Achtsamkeit und das behutsame Begleiten der Schlüssel für eine geglückte Eltern-Kind-Beziehung.

Auf der Basis von Verständnis und Liebe ist alles möglich. Beachtet bitte auch bei euren Kindern: Mehr als dreimal sollt ihr euch mit einem Thema nicht aufhalten.

Habt ihr euer Anliegen vermitteln können und wurde die Lektion verstanden, dann ist es gut - ist sie es nicht, dann ist es ebenso gut.

JJK: Das heißt, dann soll man die Kinder einfach fernsehen lassen – oder hängt das vom Alter ab?

TOTH: Du hast dir die Antwort gegeben.

Pause…

GEWALT KOMMT VON „WALTEN“

GESPRÄCH MIT

TOTH

03. OKTOBER 2019

16.30 UHR

JJK: Das Thema Gewalt beschäftigt mich seit Tagen! Was ich mich frage, ist: Dürfen wir Menschen Gewalt anwenden, wenn wir bedroht werden? Oder sollen wir immer gewaltfrei agieren und uns gegebenenfalls auch umbringen lassen?

TOTH: Im Wort Gewalt befindet sich der Begriff des „Waltens" und des „Bewältigens". Ver-waltet und bewältigt euer Leben so, dass ihr es vor gewalttätigen Übergriffen schützt, so, dass ihr nicht vergewaltigt werdet! Eurer körperlichen Unversehrtheit kommt dieselbe Bedeutung zu wie eurer seelischen Gesundheit.

Niemand in der Schöpfung Gottes hat das Recht euch zu schädigen.

Das Dogma der Gewaltlosigkeit wurde von bösartigen Wesenheiten erfunden, damit sie selbst Gewalt über die Menschen ausüben können. Die Gewaltlosigkeit wurde proklamiert, damit jene, die der Menschheit böse gesinnt sind, die Menschen vergewaltigen können. Wer sich nicht zur Wehr setzt, missachtet sich selbst und bleibt ein leichtes Opfer. Die Religion, die sich anmaßt, JESUS CHRISTUS als ihren Begründer anzugeben, hat hier sehr viel Verantwortung zu tragen. Für den einzelnen Menschen ist es notwendig, sich das über Epochen tradierte und über Inkarnationen ziehende Opferbewusstsein bewusst zu machen, damit es abgelegt werden kann.

JJK: Heißt das, wenn ich angegriffen werde, darf ich zurückschlagen?

TOTH: ***Wenn deine körperliche oder seelische Unversehrtheit bedroht ist, dann hast du nicht nur die Erlaubnis, dich davor zu schützen oder dich dagegen zur Wehr zu setzen, sondern es ist deine heilige Pflicht. Wozu sonst wurde dir das Lichtschwert ausgehändigt?***

JJK: Erzeuge ich dann nicht neues Karma, wenn ich zum Beispiel jemandem, der mich umbringen möchte, zuvorkomme?

TOTH: Das zeugt von einem unvollständigen Verständnis von Karma. Im Falle, dass du jemandem zuvorkommst, wird entweder noch vorhandenes Karma ausgeglichen oder bei dem Menschen, der dir Böses wollte, neues Karma erschaffen. Das gilt es zu verstehen! Seid nicht länger Opfer oder Schafe! Steht auf, wacht auf und handelt wie Schöpferwesen. Lasst euch vor keinen Karren spannen, bewältigt euer Leben selbst. Dir sind physische und geistige Kräfte gegeben worden. Nutze sie weise, mit Umsicht und in Liebe - aber nutze sie!

Pause...

Einige Minuten später geht es weiter...

INSTALLATION DES KRISTALLINEN 5G-SCHUTZFILTERS IM MORPHISCHEN FELD

GESPRÄCH MIT

TOTH

EINE EINGEBUNG
DAS MORPHOGENETISCHE FELD
UNSER AUFTRAG
WILLST DU WIRKLICH EIN SCHÖPFERWESEN SEIN?
WIRKUNGSWEISE DER KRISTALLINEN KUGELN
DIE INSTALLATION BEGINNT
VERFÜGUNG
ES GIBT NUR DIE GRENZEN, DIE DU DIR SELBST SETZT

03. OKTOBER 2019
17 UHR

EINE EINGEBUNG

JJK: Ich hatte jetzt gerade die Eingebung, dass wir als Schutz vor 5G im morphogenetischen[3] Feld etwas installieren können – eine Art kristallinen Filter – und dass wir diese Arbeit bei der kommenden 106. Lichtlesung am 1. 11. 2019[4] mit allen Menschen, die vor Ort sind, bewerkstelligen sollen.

Des Weiteren soll diese Botschaft in den 8. Band der Meisterdialoge einfließen, damit möglichst viele Menschen diese „Installation" weiterführen. Ist ein solcher Vorgang überhaupt möglich?

TOTH: Ich bin bei dir und wache bis auf Weiteres über dich. Ich bin bei den Menschen. Ihr seid niemals alleine!

DAS MORPHOGENETISCHE FELD

Das morphische Feld ist die allem formgebende Struktur. Alles, was im morphogenetischen Feld installiert und durch die Gedankenkraft und die Impulse eines Wesens angereichert wird, nimmt ab einem bestimmten Punkt feste Form an und wird zur sichtbaren Realität. Alles, was existiert, existierte zuerst im morphogenetischen Feld. Dieses Feld bedingt jedes lebendige Wesen und jede Struktur im Sein.

Im morphischen Feld könnt ihr Dinge und Absichten platzieren, sie auf diese Weise entstehen lassen und auch für eure Augen sichtbar machen.

UNSER AUFTRAG

Der Auftrag – in diesem formgebenden Feld kristalline Schutzkugeln und Schutzgitter, die als Filter vor 5G fungieren, zu installieren – ist heute an dich ergangen. Ebenso ergeht dieser Auftrag an alle Menschen, die diese Übertragung aus dem Licht erreicht – heute oder in einem späteren Jetzt. Es ist die Zeit, in dem ihr walten und herrschen sollt. Walten sollt ihr über eure eigenen Leben und herrschen über eine Welt, die sich dem Lichte zuwendet. Steht der Menschheit, die sich von der Finsternis abkehrt, bei!

Dein Erwachen ist daran erkennbar, inwiefern du dir dieser Tatsachen und deiner tatsächlichen Kraft und Macht bewusst bist.

Kein Schöpferwesen ist jemals ein Opfer und jedes Opfer ist noch kein Schöpferwesen.

In der jetzt stattfindenden Bewusstseinsarbeit in und durch die Gnade Gottes kannst du deinen Status überprüfen. Bevor wir die kristallinen 5G-Filter im morphischen Feld platzieren wollen, lade ich dich ein zu einer Innenschau.

WILLST DU WIRKLICH EIN SCHÖPFERWESEN SEIN?

Stelle dir diese einzige Frage: Bin ich bereit, wirklich alles loszulassen, was mich daran hindert, ein Schöpferwesen zu sein?

Pause…

Beantworte dir diese Frage wahrhaftig. Du bist niemandem Rechenschaft schuldig. Täusche dich nicht selbst, sondern sei wahrhaftig.

Pause…

Bist du zu einem klaren JA gelangt, dann bitte um weitere Fügungen und Spiegelungen auf deinem Weg. Diese brauchst du, damit du die einzelnen Themen erkennen und annehmen kannst. Das ist der Weg der Heilung – es gibt keinen anderen!

Bist du zu einem aufrichtigen NEIN gelangt, brauchst du jetzt nichts weiter zu tun, als dich an dem jetzt stattfindenden Vorgang so gut als möglich zu beteiligen.

Denn jede Mitwirkung ist von großer Bedeutung – und es kommt jetzt nicht darauf an, wo der Einzelnen in seiner Entwicklung insgesamt steht.

Ein jeder Mensch ist jetzt eingeladen, an der Installation von kristallinen 5G-Filtern, die als Kugeln im morphogenetischen Feld platziert werden, mitzuwirken.

Die Menschheit hat es in ihrer Hand, sich Übergriffen zu stellen und zu entziehen. Achtet daher auf die Unversehrtheit eures Lebens und unternehmt kraft eures göttlichen Bewusstseins das dafür Notwendige.

Schreiten wird zur Tat! Ihr Götter in Menschengestalt und ihr Menschen nach dem Abbild Gottes erschaffen – werdet selbstbestimmt.

In der Gnade Gottes und in der Gegenwart hoher lichter Wesenheiten findet dieser Vorgang der Selbstbestimmung und Selbstermächtigung statt.

Niemand und nichts kann dies jetzt sabotieren oder ungünstig beeinflussen. Die Kraft und Herrlichkeit, die Macht und Liebe, das Licht und deine Absicht erschaffen eine neue Wirklichkeit.

Zur Erhellung des nun bevorstehenden Vorgangs gebe ich wie folgt zu verstehen.

WIRKUNGSWEISE DER KRISTALLINEN KUGELN

Durch die Kraft eurer Gedanken und durch die klare Fokussierung werden im morphischen Feld des Planeten kristalline Kugeln installiert. Das sind riesige, runde, energetische Felder, die jede schädliche Strahlung filtern. Diese kristallinen Kugeln haben die Eigenschaft, jede für das Leben auf Erden schädliche Strahlung zu absorbieren und zu neutralisieren. Diese Filter nehmen die Arbeit unmittelbar nach der heute ausgelösten ersten Installation auf.

Diese Maßnahme deckt noch nicht die gesamte Beeinflussung von negativer Strahlung – insbesondere der 5G-Technologie – ab. Um das zu erreichen, ist es notwendig, diesen Vorgang der Installation des Öfteren zu wiederholen. Je mehr Menschen dies tun, umso größer und mächtiger wird dieser Schutz.

Es wird real, was wir heute erschaffen, sobald das „Morphofeld" immer wieder mit diesen Impulsen angereichert wird.

Deshalb leite ich euch an, in regelmäßigen Abständen die jetzt folgende Verankerung zu wiederholen. Darüber hinaus erweisen euch all die Schutzmöglichkeiten, die euch bereits übertragen wurden und euch bekannt sind, einen großen Dienst.

Geliebter Mensch,

wir sind bereit – bist du es auch?

DIE INSTALLATION BEGINNT!

Bitte schließe deine Augen, entspanne dich ganz, sei dir bewusst: Du bist in einem geschützten Raum. Die Urquelle behütet dich. Hohe Wesenheiten des Lichts sind bei dir und achten darauf, dass du unbeeinflusst dieses Werk an der Menschheit und an Mutter Erde verrichten kannst.

Deine Heimat ist Gott, deine Heimat ist die Erde und deine Heimat ist überall dort, wo du bist – und diese Heimat ist schützenswert und dein Leben ist unveräußerlich. Dem wollen wir jetzt entsprechen.
In der Gegenwart Gottes waltest du deines Amtes als Schöpfer und als erwachender oder erwachter Mensch.

Bitte sprich jetzt im Geiste folgende Formel zur Installierung der kristallinen Kugeln, die als Filter vor schädlicher Strahlung im morphogenetischen Feld der Erde verankert werden.

VERFÜGUNG

ICH,
(nenne hier deinen Namen),

VERFÜGE KRAFT MEINES GÖTTLICHEN BEWUSSTSEINS, DIE INSTALLIERUNG DER KRISTALLINEN FILTER IM MORPHOGENETISCHEN FELD DER ERDE.

KRAFT MEINES GÖTTLICHEN BEWUSSTSEINS VERANLASSE ICH, DASS JEDE SCHÄDLICHE STRAHLUNG, INSBESONDERE DIE VON 5G, VON DIESEN KRISTALLKUGELN ABSORBIERT UND NEUTRALISIERT WIRD.

GOTT IST DIE QUELLE UND ICH BITTE DIE QUELLE, DIESEN PROZESS ZU BEHÜTEN UND ZU BEGLEITEN.

SUREIJA OM ISTHAR OM [5]

ICH BIN DANKBAR,
ICH BIN DAS ICH BIN.

Pause…

Diese Installation könnt ihr, so oft es sich zeigt, wiederholen. Hier geht es darum, eine Wirklichkeit zu erschaffen und diese erschafft ihr durch die Kraft eurer Gedanken, die Macht eurer Gefühle und Absichten.

Du hast die Macht, alles zu verändern!

Ich ermutige dich, deiner Göttlichkeit zu vertrauen. Überschreite die sichtbaren und unsichtbaren Grenzen, die dir von Wesenheiten für deren eigenen Machterhalt gesetzt wurden.

Die heutige Installation und Verankerung dieser kristallinen Schutzfelder wirkt sich aus. Vieles ist jetzt nicht mehr möglich und es liegt an jedem Einzelnen von euch, seine eigene Macht zu beanspruchen und seiner eigenen Kraft zu vertrauen.

Du bist so viel mehr, als du glaubst zu sein.

ICH BIN DAS ICH BIN, heißt, von jeder Ohnmacht geheilt zu sein und diese Fesseln nicht mehr zu tragen. Für den, der das weiß, existieren immer Maßnahmen, Auswege und Möglichkeiten, um dem Unzumutbaren angemessen zu begegnen.

Abschließend rege ich dich dazu an, deinen Weg zu finden und deinen Weg zu gehen.

Verliere dich nicht in der Zukunft und blicke nicht zurück. Lass die Öffentlichkeit unbeachtet und gehe heute, hier und jetzt deinen einmaligen Weg.

Was werden die Menschen über dich denken?
Was werden die Menschen über dich denken und sagen?

Das darf dich von nun an nicht mehr beschäftigen. Beachte das nicht mehr, denn dadurch verlierst du so viel Energie und Kraft - du wirst ungewiss und unsicher.

Viele lichtvolle Vorhaben bleiben nur deshalb unerledigt, da sich der Einzelne am Anderen orientiert und sich dadurch verunsichern lässt.

Auf diese Weise bleiben Aufträge unerfüllt und ganze Leben werden nicht gelebt.

Gehe deinen eigenen Weg, denn du bist der Weg - und dieser Weg ist einmalig. Kein zweiter Mensch hat einen Weg wie du. Warum nimmst du also so viele Anleihen bei Anderen?

Heute hast du am schöpferischen Vorgang des Erschaffens des kristallinen Schutzfilters im morphischen Feld teilgenommen und mitgewirkt - und erschaffen kannst du jeden Tag, in jedem Moment.

ES GIBT NUR DIE GRENZEN, DIE DU DIR SELBST SETZT!

Eine völlig neue Ebene von Bewusstheit und Macht erschließt sich dir, sobald du das vollständig verstanden und integriert hast.

Langsam erwacht die Menschheit – langsam erwacht der Mensch. Es kommt Bewegung in die Dinge und es wird LICHT in der Finsternis.

Nimm dein Leben selbst in die Hand und vertraue darauf, dass du alle Unterstützung der Schöpfung und des Schöpfers genießt.

Lass dich nicht denken, sondern denke selbst und fühle Liebe hinter dem Lieblosen. Handle selbstbewusst und selbstbestimmt, auch wenn deiner Umgebung dafür das Verständnis fehlt.

Befreie dich von den Zwängen, erschaffe, was du erschaffen willst, und sei dir deiner Kraft und Macht immer bewusst!

Im Positiven wie im Negativen: Du hast dein Leben selbst in der Hand und für alles, was sich dir entzieht, ist gesorgt, denn Gott kennt dich.

Ich bin TOTH

Ich bin auf der Erde, um dich in irdischen Angelegenheiten zu begleiten, um dich zu fördern und zu inspirieren.

Ich weise auf Möglichkeiten hin, ergreifen kannst du sie nur selbst, ich leuchte auf die Tore hin, durchschreiten kannst du sie nur selbst.

Ich bin aus dem Lichte zu dir gekommen – aufwachen, erheben und aufsteigen – das kannst du nur selbst.

Gleichwohl der Himmel auf Erden mit der Hilfe Gottes errichtet wird: Auf dich kommt es an!

Ich liebe dich unendlich

TOTH

Götter, die euch eure Verantwortung abnehmen, die euch sagen, wie ihr zu leben, zu denken, zu fühlen und zu handeln habt, verfolgen immer nur ein Ziel: euch zu beherrschen und sich eurer kreativen Energien auf Umwegen zu bemächtigen.

JESUS

AMUN ODER AMEN?

GESPRÄCH MIT
JESUS

AMUN
NIEMAND BEDURFTE DER 10 GEBOTE!
MOSES WAR "MIND" KONTROLLIERT!
DAS „AMEN" IN LICHTVOLLEN SCHRIFTEN
DER SINN VON MARIENERSCHEINUNGEN

06. OKTOBER 2019
17 UHR

AMUN

JJK: Immer wieder stoße ich darauf, dass das christlich verwendete Wort „Amen" von „Amun", der ägyptischen Gottheit, abstammt. Auf Wikipedia steht: „***Amun*** (auch ***Amon, Amoun, Ammon, Hammon, Amen*** oder seltener ***Imenand***) ist der Wind- und Fruchtbarkeitsgott der altägyptischen Religion."[6]

Die „Amun-Priesterschaft" war im alten Ägypten sehr mächtig und stellte eine uralte Geheimgesellschaft dar. Meine Frage ist nun: Leitet sich das für Christen sehr geläufige „Amen" in der Tat von „Amun" ab und existiert diese Geheimgesellschaft des Amun auch heute noch?

JESUS: Ich bin mitten unter euch!

Meine Himmelfahrt bedeutete nicht meine dauerhafte Rückkehr zur Quelle, sondern löste weitere Aktionen zur Befreiung des Menschengeschlechts aus.

Frei zu sein, heißt, die Verantwortung für seine Gedanken, Empfindungen und Taten vollkommen zu übernehmen. Solange dies nicht geschehen ist, bleibst du ein Sklave.

Dies einleitend zu diesem nun folgenden Gespräch.

Deine Frage, ob „Amen“ von „Amun“ abstammt, ist mit JA zu beantworten.

JJK: Dann beruhen die christlichen Kirchen auf der Grundlage der ägyptischen Gottheit Amun?

JESUS: Wer sich näher mit der Geschichte, den Symbolen und Ritualen der römisch-katholischen Kirche sowie der christlichen Kirchen im Allgemeinen beschäftigt, wird sehr viele Übereinstimmungen aus alten Kulturen finden. Ägypten, Babylonien, das alte Griechenland oder das antike Rom dienten hier als Vorlage. Im Verborgenen wirken die Mächte, die hinter der Gesellschaft der „Brüder der Schlange“ stehen, das sind die Priester des Amun, weiter.

JJK: ist das die Kraft, die bisher die Geschicke der Welt lenkte? Ist das die Macht - es sollen nur einige Wenige sein - von der auch Anastasia spricht?

JESUS: Es sind die Kräfte, die die Menschheit kontrollieren und sie von ihrer natürlichen Göttlichkeit fernhält.

Unerreichbare Götter wurden euch vorgesetzt, damit ihr Sklaven bleibt. Ihr wurdet erzogen, in eine Richtung gezogen, die Verantwortung abzugeben, anstatt die Geschicke selbst in die Hand zu nehmen.

NIEMAND BEDURFTE DER 10 GEBOTE!

Jeder Mensch wird geboren und weiß, dass er weder stehlen noch töten soll!

Erst wenn die Seele „umgedreht“ wird, werden „10 Gebote“ notwendig. Doch in diesem Fall wurde ein sehr manipulativer Vorgang in Gang gesetzt, der das Töten, Lügen und Stehlen erst ermöglichte. Denn wenn die Gebote auf eine Weise formuliert werden, bei der das Unterbewusstsein der Menschen die Verneinung gewöhnlich gar nicht wahrnehmen kann, ist erst recht dafür gesorgt, dass ihr lügt, ehebrecht und tötet.

„Gebote“ braucht nur ein Sklave. Ein wirklich freier Mensch ist sich seiner Verantwortung für das Gesamte voll bewusst und handelt aus sich selbst heraus im Einklang mit allem, was ist.

Bitte reflektiere dies eingehend, du wirst großen Erkenntnisgewinn erlangen. Denn solange das nicht durchschaut ist, bleibt ihr Sklaven – müsst ihr Sklaven bleiben.

Genau darum geht es jetzt auf der Erde – aufzuwachen, heißt, das zu durchschauen. Dadurch werdet ihr zu voll bewussten Menschen, was bedeutet, sich seines unsterblichen Geistes vollkommen bewusst zu sein.

Gleich, wie die Götter alle heißen:
Sie sind eine Erfindung!

MOSES WAR "MIND" KONTROLLIERT

JJK: Und Moses? Was geschah am Berg Sinai wirklich?

JESUS: Es war die Initiation der Macht, die sich über die Amun-Priesterschaft den Menschen mitteilte.

JJK: Moses wurde also "mind" kontrolliert?

JESUS: Im besten Glauben ließ diese Wesenheit dies mit sich geschehen. Am Ende seines langen Lebens erkannte Moses die tieferen Zusammenhänge und diese Wesenheit ging ein in die Unendlichkeit des Lichts.

JJK: Was aber ist dann mit dir? Du wurdest ja auch zu einem Gott erklärt - zum *einzigen* Gott, dem Sohn Gottes?

JESUS: Was die Menschen aus Unwissenheit aus mir gemacht haben, entspricht ihren eigenen Vorstellungen und ihren eigenen Bedürfnissen.

Die unwahren Darstellungen meines Lebens auf Erden sind in den Jesus Biografien dargelegt[7].

Immer mehr an Wahrheit und Wissen erreicht jetzt die Menschen, sodass die Dinge jetzt aufbrechen können und sich euch die Lügen und Manipulationen offenbaren.

Götter, die euch eure Verantwortung abnehmen, die euch sagen, wie ihr zu leben, zu denken, zu fühlen und zu handeln habt, verfolgen immer nur ein Ziel: euch zu beherrschen und sich eurer kreativen Energien auf Umwegen zu bemächtigen.

JJK: Das Wort „Amen" kommt aber auch im Buch „Die Jesus Biografie" vor und auch in anderen Botschaften, die mir übertragen wurden, steht am Ende manchmal „Amen".

DAS „AMEN" IN LICHTVOLLEN SCHRIFTEN

JESUS: Die Menschheit wird nach und nach an die Wahrheit herangeführt. In den Jesus Biografien als auch in weiteren Botschaften wurde dir das „Amen" diktiert, damit wir Menschen mit starker katholischer Prägung erreichen – damit sie ihre Fixierungen leichter lösen können.

Ein Buch, in dem unbekannte Gruß- und Segensformeln stehen, lehnen die meisten Katholiken rundweg ab.

So nehmen sie folglich nichts mit und nichts an. „Amen" entspricht einer Codierung und die Menschen fühlen sich zu Hause. So widmen sie sich den Inhalten und sie werden auf diese Weise zu neuen Gedanken angeregt.

Du musst immer die lange Zeit der Sklaverei und der Manipulationen in alle Überlegungen miteinbeziehen. Seit Jahrtausenden wird die Menschheit auf zellularer Ebene beeinflusst und die meisten Menschen nehmen Muster, Meinungen, Glaubenssätze und irrige Annahmen von einem Leben in das nächste mit – das aufzubrechen, erfordert Behutsamkeit, denn niemand schreckt vor der Wahrheit leichter zurück als der, der sie glaubt gepachtet zu haben.

DER SINN VON MARIENERSCHEINUNGEN

JJK: In diesem Kontext denke ich jetzt an die vielen Marienerscheinungen weltweit. Hier erscheint ja die „Mutter Gottes" mit einem gänzlich katholischen Programm und ist total an die Kirche angepasst. In den Botschaften ist oft von „Buße" oder „Sünde" sowie von einem niemals stattgefundenen Kreuzestod die Rede. Weshalb sagt man diesen Menschen nicht, was wirklich geschah und wie sie vom Vatikan, der die Amun- oder Amen-Kirche verkörpert, getäuscht werden?

JESUS: ***Die Wahrheit ist jedem Menschen zumutbar, doch es kommt darauf an in welcher Dosis.***

Auch hier gilt, dass die Menschen an die Wahrheit herangeführt werden - und nicht - indem man sie schockiert. Dies würde nur dazu führen, dass jede Erscheinung ihre Glaubwürdigkeit sofort einbüßen würde. Die Menschen würden die Flucht ergreifen, von Teufelswerk sprechen und in Ängste abgleiten. Damit ist niemandem gedient. Denn die Botschaften solcher Erscheinungen sind immer die von Liebe und Mitgefühl - und dass die Menschen sich vom Bösen ab- und dem Guten zuwenden mögen.

Darum geht es - und nicht um eine Kirche oder deren Priesterschaft. Alle Marienerscheinungen im christlichen Umfeld sollen für die Menschen dieser Prägung annehmbar sein. Deshalb zeigt sich die Wesenheit MARIA in einer Form, die die Menschen kennen, und sie erweitert behutsam - aber bestimmt - die Botschaft der Nächstenliebe, von der im Neuen Testament immer wieder die Rede ist. Die Menschen werden auf diese Weise erweckt.

JJK: Aber ich beobachte immer wieder, dass diese Menschen dann die MUTTER GOTTES verehren, dass sie noch mehr Götteranbetung, sprich Heiligenverehrung betreiben, anstatt, wie im gnostischen Sinne, sich selbst bewusst zu sein und sich selbst als göttlich wahrzunehmen.

„Was ich tue, werdet auch ihr tun, und viel mehr noch!", sagtest du, doch davon ist keine Spur. Sie knien vor Priestern und Altären – und halten diese Selbsterniedrigung und Selbstverleugnung für wahre Demut.

JESUS: Das ist die Stufe, auf der diese Menschen Gott näherkommen können und auf der sie in die Eigenverantwortung geführt werden. Die Menschen sollen dort abgeholt werden, wo sie stehen. Es ist wenig hilfreich, auf den Bus dort zu warten, wo er nicht stehen bleibt. Wesentlich ist der Kern dieser Botschaften. Wird an die Selbstverantwortung im Sinne von Eigenliebe und Nächstenliebe appelliert, dann fasst Vertrauen, spürt in die Energie des Ortes, an dem diese Manifestationen stattfinden, hinein.

Licht und Liebe sind immer wahrnehmbar und sind die einzigen Parameter, nach denen ihr etwas für echt oder unecht befinden sollt.

JJK: Soll ich dann, wenn wir die Jesus Biografie neu auflegen, das Wort „Amen" entfernen?

JESUS: Die Zeit dafür ist wahrlich reif. Heute ist dieser Anker nicht mehr von Bedeutung.

Pause…

WIE VIELE BIN ICH?

GESPRÄCH MIT
JESUS

SCHAMANISCHE REISE ZUM HÜTER MEINER SEELE
WIE VIELE BIN ICH WIRKLICH?
HITLER HAT DEN KRIEG GEWONNEN, JESUS IST
AM KREUZ GESTORBEN

06. OKTOBER 2019
18 UHR

JJK: Ich habe jetzt noch eine ganz andere Frage. In letzter Zeit erlebe ich mich in den Träumen sehr oft auf anderen Welten. Ich lebe dort in Beziehungen, die ich in diesem Leben aufgelöst habe, und dann überblicke ich alle Leben gleichzeitig.

Ich sehe, wie ich dieses mein Leben lebe und gleichzeitig lebe ich auch alle anderen Variationen. Das ist ein für mich sehr gewöhnungsbedürftiges Gefühl. Wenn ich dann aufwache, brauche ich oft sehr lange, bis ich in meinem Körper ankomme und manchmal - meine Frau erlebt dies dann immer hautnah mit - stehe ich für einige Stunden voll neben mir selbst.

Ich hatte auch einmal eine wunderbare schamanische Reise gemacht, bei der ich vielen Ebenbildern von mir, den vielen „Jahns", begegnet bin. Gerne gebe ich dieses Erlebnis hier vollständig wieder, denn so ist dieses doch eher komplexe Thema für die Leser, die sich nicht täglich damit beschäftigen, leichter nachzuvollziehen:

SCHAMANISCHE REISE ZUM HÜTER MEINER SEELE

Ich reise zum Hüter meiner Seele. Am Beginn der Reise bitte ich um Schutz und um Begleitung.

- *Unmittelbar danach bin ich von Jesus, Maria und St. Germain umgeben. Wir schreiten feierlich einen sanft ansteigenden Weg entlang. Über mir fliegt der Phönix mit weit ausgebreiteten Flügeln.*

- *Dann nehme ich zwei sehr große und helle Wesenheiten wahr. Sie schauen aus wie „klassische" Engel und beide verdecken mit einem ihrer Flügel eine Tür, ein Tor. Als ich in die Nähe komme, nehmen sie ihre Flügel weg und ich betrete einen Raum oder Ort, der sich unendlich heimelig anfühlt. So muss es sich für das wachsende Baby im Bauch einer Mutter anfühlen. Es ist vollkommen!*

- *Jetzt tritt eine Wesenheit, die mir aufs Haar gleicht, entgegen. Das bin auch ich, wie ich bemerke. Dann werden es immer mehr „Jahns", bis ich von 12 Abbildern meiner selbst umgeben bin.*

- *Hinter diesen 12 ordnen sich weitere 12 Abbilder an und so weiter. Ich weiß nicht, wie viele ich am Ende wirklich bin. Es fühlt sich vertraut und ganz selbstverständlich an.*

- *„Wir alle leben gleichzeitig", sagt mir mein erstes Spiegelbild, „und wir alle begleiten und unterstützen dich auf der Erde".*

- *Ich lege mich auf den Boden. Dann hebt sich der wärmende Stein und wie auf einer Hebebühne fahre ich hoch. Daraufhin stellen sich die 12 um mich, breiten beide Hände aus und fluten mich mit weiß-goldenem Licht. Es dringt in meinen Körper und in meine Aura ein – es ist ein wunderbares Gefühl. Ich werde aufgeladen und fühle mich auch so.*

- *Daraufhin werden alle Jahns zu einer Wesenheit und sie gehen in einem gold-weißen Lichtstrahl auf – und dieser Lichtstrahl wird wie eine neue Aura-Schicht um mich gelegt. Eine Stimme sagt: „Deine Reise auf Erden setzt sich fort. Du erhältst alles, was du dafür brauchst."*

- *Jetzt befinde ich mich wieder allein im Raum. Es herrscht großer Frieden.*

- *Ich entschließe mich, wieder hinauszugehen. An den Wesenheiten, die den Eingang bewachen, vorbei trete ich ins Tageslicht: Maria, Jesus und St. Germain erwarten mich – und Phönix. In stiller Festlichkeit gehen wir den Weg zurück.*

(Hier ist das Ende meiner Reise.)

EPILOG

Nach der Reise schlage ich per Zufallsprinzip im Buch „Jesus und Sai Baba" nach, um nach einer Bestätigung zu suchen, schließlich habe ich noch nicht so ganz die Sicherheit bei Reisen. Auf Seite 481 lese ich: „Schon bevor er die Welt schuf, fasste er den Plan, uns an seiner Herrlichkeit Anteil zu geben ..." (...) „das Sichtbare ist aus dem Unsichtbaren entstanden. (Aus der Bibel)"

WIE VIELE BIN ICH WIRKLICH?

JJK: ICH bin „VIELE", aber wie viele bin ich wirklich – und bin ich in allem gleichzeitig?

JESUS: Diese Wahrheit des Seins wird dir jetzt eingespielt, damit du deinen geistigen Horizont als Mensch erweitern kannst. Jede Möglichkeit, jede Wahl, die du einmal getroffen hast, ist im Sein abgebildet. Der Ausgang einer Geschichte kann auf unterschiedlichen Ebenen eine anderer sein. Wir erschaffen durch Entscheidungen laufend neue Wirklichkeiten, auf denen die Folgen von Entscheidungen ausagiert werden. Darüber hinaus bringt dein unendliches Bewusstsein eine Vielzahl von „Verkörperungen" in Gottes Unendlichkeit hervor – wie du es auf deiner Reise erlebt hast: Jeder Mensch hat viele Erscheinungen!

JJK: Aber von diesen Menschen habe ich mich ja getrennt? Warum lebe ich also Beziehungen, die ich gar nicht will?

JESUS: Auf dieser Ebene - ja - auf anderen Ebenen hast du dich entschlossen, mit anderen Partnern zu leben.

JJK: Ist das bei allen Menschen so?

JESUS: Bei allen Menschen - ja!

JJK: Wenn sich das Menschen vorstellen, dann könnten sie ja auch verrückt werden. Denn wirklich zu verstehen ist das ja nicht!

JESUS: Deshalb regen die Botschaften aus dem Licht, die dir übertragen werden, die Menschen dazu an, mit beiden Beinen auf der Erde zu stehen und nach oben hin angebunden zu sein.

In diesem natürlichen Spannungsfeld ist eine gesunde Entwicklung möglich und dadurch können auch solche Themen - ohne die Erdung zu verlieren - verarbeitet werden.

Wirklich erfassen kannst du es in der Meditation. Das wirkt dann in dein Alltagsbewusstsein hinein und langsam machst du dich von allen Begrenzungen frei.

Das Verständnis allen Lebens wird dem enthüllt, der sich auf die Reise macht. Wer mit einfachen und überschaubaren Lösungen zufrieden ist und wer kein Wagnis eingeht, der stagniert auf geistig-seelischer Ebene.

Wer das Risiko eingeht, bei der Untersuchung seiner selbst verrückt zu werden, der wird den Stein der Weisheit finden.

HITLER HAT DEN KRIEG GEWONNEN, JESUS IST AM KREUZ GESTORBEN

JJK: Heißt das, es gibt dann auch Welten, auf denen Hitler den Krieg gewonnen hat oder auf denen du, so wie die Kirche es sagt, gekreuzigt worden bist?

JESUS: Ja.

JJK: Warum ist es dann so wichtig, dass die Menschen auf dieser Erde wissen, dass du nicht gekreuzigt worden bist?

JESUS: Da es um diese Erde geht! Es geht um diese Menschheit, die jetzt aufwachen soll! Und dafür braucht es diese Wahrheit. Auf dieser Erde muss, ehe eine höhere Frequenz erreicht werden kann, alles ins Lot gebracht werden.

Erden, auf denen der JESUS wirklich am Kreuze starb, haben ein andere Entwicklung.

Wichtig zu verstehen, ist, von welcher Erde die Rede ist. Wenn wir von dieser Erde und dieser Menschheit sprechen, dann müssen die Zuordnungen stimmen und für den Aufstieg bei einem bestimmten Prozentsatz der Menschheit angekommen sein. Deshalb ist die Wahrheit der Jesus Biografie von solcher Bedeutung.

JJK: Das ist ja Science-Fiction pur!

JESUS: ***Es gibt nur eine Wahrheit und die ist Gott und liegt in Gott. Jedoch gibt es viele Wirklichkeiten.***

Mit dieser Inspiration beenden wir unser heutiges Zusammensein im Lichte der Wahrheit.

Die Menschheit wird erweckt! Das Flüstern Gottes erreicht die Seelen und es werden immer mehr.

Ich bin JESUS

Lebe dein Leben wahrhaftig
und klar, dann ergibt sich alles
von selbst.

JESUS

ICH BRINGE DAS SCHWERT UND DEN FRIEDEN

GESPRÄCH MIT
JESUS

DIE SPALTUNG
WIE MIT DIESEM WAHNSINN UMGEHEN?
VATERLIEBE UND MUTTERLIEBE
VERSTÄNDNIS GEWINNEN, ZUSAMMENHÄNGE BEGREIFEN
SEELENSIGNATUR BESTIMMT DIE NEUEN BEZIEHUNGEN

08. OKTOBER 2019

In jener Zeit sprach Jesus zu seinen Aposteln: Denkt nicht, ich sei gekommen, um Frieden auf die Erde zu bringen. Ich bin nicht gekommen, um Frieden zu bringen, sondern das Schwert. Denn ich bin gekommen, um den Sohn mit seinem Vater zu entzweien und die Tochter mit ihrer Mutter und die Schwiegertochter mit ihrer Schwiegermutter; und die Hausgenossen eines Menschen werden seine Feinde sein. Wer Vater oder Mutter mehr liebt als mich, ist meiner nicht würdig, und wer Sohn oder Tochter mehr liebt als mich, ist meiner nicht würdig.
(Mt 10, 34-37)

JJK: Wir leben doch genau in dieser Zeit! Aber was bedeutet das „Schwert"? Ist das ein Aufruf zur Gewalt im Sinne von „walten"? *(siehe: Gewalt kommt von „walten", Toth, Seite 39)*

Diese Aussage den „Sohn mit dem Vater und die Tochter mit der Mutter zu entzweien..." ist für mich auch nicht ganz klar. Worum geht es dabei, um Krieg oder Frieden in unserem nächsten Umfeld?

JESUS: Die Zeit, in der sich vor euren Augen die Spreu vom Weizen trennt, ist gekommen. Ihr erlebt es täglich in euren Familien und in der Mitwelt, wie die EINEN verstehen und die ANDEREN verständnislos auf die Fragen, die das Leben aufwirft, reagieren.
Was also ist hier gesagt?

DIE SPALTUNG

Das Schwert beschreibt die Spaltung, die jetzt durch die Familien und durch lange Zeit bestehende Beziehungen geht.

Worin besteht die Spaltung?

Darin, dass sich die einen Menschen dem Lichte und dem Transzendenten öffnen und dass die anderen Menschen von all dem nichts wissen wollen. Verständnisvolle und verständnislose Menschen stehen sich gegenüber. Diese gravierenden Unterschiede in der Wahrnehmung und Lebensausrichtung werden jetzt offensichtlich. Es war schon immer so, doch das göttliche Licht zeigt es jetzt auf. Diese Spaltung geht quer durch die Familien hindurch. Das ist das Schwert und das ist die Tatsache, die heute immer mehr zum Vorschein kommt.

Ihr fragt euch: Warum muss das sein?

Ich sage euch: Viele Menschen, die sich in eurem nächsten Umfeld befinden, wollen von dem, was hinter dem Sichtbaren wirkt, nichts wissen.

Die spirituelle Entwicklung eines Menschen bedarf eines tiefen Wunsches, eines dementsprechenden Seelenplans und der entsprechenden Reife.

Älteren Seelen wurden in diesem Leben jüngere Seelen zugeteilt, damit diese eine erste Ahnung von den Dingen, die weit über das Sichtbare hinausreichen, erhalten.

Diese jüngeren Seelen sind oft eure Kinder, sind beste Freunde und Menschen, mit denen ihr sehr eng verbunden seid, sind Partner, mit denen ihr glaubtet, das ganze Leben zu verbringen. Dem ist nicht so, denn heute wird von den Menschen – von jedem Menschen – eine Wahl verlangt.

Das kosmische Licht lässt keine Kompromisse mehr zu, denn es gilt jene Menschen zu erkennen, die sich dem Wesentlichen öffnen und die bereit sind, sich Gott ganz zu verschreiben. Erkenne dich selbst und du wirst erkannt.

Die Spaltung der Menschheit ist die Konsequenz der derzeitigen Lichtflutung der Erde. Am Ende dieses Vorganges ist klar, wer welche Ebene des Seins gewählt hat.

WIE MIT DIESEM WAHNSINN UMGEHEN?

JJK: Wie aber soll man mit diesem Wahnsinn umgehen, wenn Kinder oder die Nächsten ganz gegenteilige Ansichten vertreten oder überhaupt keine Wahrnehmung über das Sichtbare hinaus haben?

Wenn die einstmals besten Freunde hinter dem Materiellen überhaupt nichts erblicken und das Spirituelle rundweg leugnen – wenn man sogar angefeindet wird? Wenn Eltern die Feinde der Kinder und Kinder die Feinde der Eltern werden, wenn Freunde wegbrechen? Wenn dann die Einsamkeit kommt, da man eigentlich mit niemandem mehr wirklich reden kann und wenn neue Freunde noch nicht da sind?

JESUS: Antwortet auf Unverständnis mit Verständnis – und das Verständnis ist der Schlüssel für alle hier von dir aufgeworfenen Fragen.

Sobald du tief im Inneren verstehst, worum es jetzt auf dieser Erde und für die Menschheit geht, ist es leichter, Tatsachen zu akzeptieren. Versuche niemals, jemanden für deine Sache oder deine Sicht des Lebens zu gewinnen, auch wenn es dein Sohn oder deine Tochter ist. Lebe dein Leben wahrhaftig und klar, dann ergibt sich alles von selbst. Dann kommen alle zu dir, die bei dir eine Antwort vermuten!

JJK: Die aufgeworfene Frage – dass viele Menschen, die den Lichtweg gehen, jetzt erfahren müssen, dass sie mit fast niemandem mehr wirklich reden können – scheint mir besonders prekär. Sie werden von „alten Freunden" einfach nicht mehr verstanden und neue Freunde sind oft noch nicht in Sicht. Das fördert die Einsamkeit.

JESUS: ***Sobald ein Mensch eine klare Entscheidung getroffen hat, ändert sich sein Umfeld – und das ändert sich schnell. Einsamkeit entsteht, wenn ein Mensch das Alte nicht ganz aufgeben möchte, das Neue aber schon ganz in Anspruch nehmen will. Dieser Spagat ist zunächst sehr unbequem und am Ende unmöglich.***

Bis zu dieser Erkenntnis kann die Einsamkeit weitere Entscheidungen beschleunigen.

Es liegt in der Natur der jetzigen Zeit des Überganges, dass sich alte Beziehungen auflösen. Wer daran festhält, wird sie verlieren, wer sie loslässt, wird gewinnen. Erst wenn du vollständig der Weizen bist, können sich jene Menschen, die dich auf der weiteren Wegstrecke begleiten, zeigen.

Die Schöpfung antwortet auf deine Entscheidung. Die Wunder begegnen dir, sobald du den Weg, auf dem Wunder möglich werden, unzweifelhaft gewählt und vollständig eingeschlagen hast.

JJK: *„Wer Vater oder Mutter mehr liebt als mich, ist meiner nicht wert (würdig), und wer Sohn oder Tochter mehr liebt als mich, ist meiner nicht wert (würdig)."* (Mt 10,37)

Wie ist das zu verstehen?

VATERLIEBE UND MUTTERLIEBE

JESUS: Vater und Mutter, Sohn und Tochter stehen für die irdischen Bande, für irdische Beziehungen. Wer sich also ganz mit dem Irdischen identifiziert und die überirdische Wirklichkeit in Gott leugnet, der ist unreif, um in den Himmel einzugehen.

Wer das Spiel auf der Erde fern jeder Anbindung an das Göttliche erlebt, der ist eine unerfahrene Seele. Solche Seelen wollen weder „aufsteigen" noch eingehen in das Licht, sondern das Abenteuer auf der Erde auskosten. Der wahre Vater, die wahre Mutter leben in dir.

Du bist in Wahrheit der Sohn und die Tochter von Mutter und Vater, die du in deinem Herzen wahrnehmen kannst. Wer seinen irdischen Vater und seine irdische Mutter in einen universellen Zusammenhang stellt, der hat verstanden.

JJK: Wenn ich mir die Welt anschaue, so wird doch alles immer ver-rückter, im wahrsten Sinne des Wortes „ver-rückt", indem alles aus der Mitte verrückt wurde. Die Mitte ist für mich Mitgefühl, Frieden, Harmonie und Freiheit.

Aus der Mitte zu sein, heißt, in der Angst, im Neid, in der Eifersucht, der Gier und dem Hass zu sein. Die ganze Menschheit scheint mir derzeit am falschen Dampfer zu sein?

JESUS: Es ist die Zeit, in der die Unterschiede immer deutlicher werden. Alles wird offen-sichtlich. Global und individuell wird das Licht auf alles und jeden gelenkt. Dadurch bekommt ihr die für eine lichte Seele nahezu unerträglichen Bösartigkeiten zu Gesicht. Diese Reinigung ist in vollem Gange.

JJK: Was kannst du den Menschen, die jetzt an dieser Situation fast verzweifeln, sagen? Gibt es eine Patentlösung dafür?

VERSTÄNDNIS GEWINNEN, ZUSAMMENHÄNGE BEGREIFEN

JESUS: Denkt in Dekaden, denkt in Jahrhunderten, spannt einen großen Bogen und denkt über euer derzeitiges Leben weit hinaus. Das ist die Lösung! Ihr könnt die Probleme dieser Erde nicht mit einzelnen Sofortmaßnahmen lösen!

Die Lösung erfordert eine Vielzahl an Eingriffen und eine Abfolge von spezifischen Ereignissen.

Dafür bedarf es vieler einzelner Menschen, kosmischer Voraussetzungen und der Zeit.

Deshalb ist der beste Weg, um während dieser Phase der Klärung den Überblick zu behalten und in der eigenen Mitte zu bleiben, eine gute Anbindung an deinen göttlichen Geist. Dadurch hast du Zugang zu einem besseren Verständnis des Irdischen.

Wer die Zusammenhänge versteht, begreift auch, dass bestimmte Entwicklungen nicht forciert werden können und dass notwendige Konflikte ausagiert werden müssen.

Alte Freunde gehen, neue Freunde kommen, Familien lösen sich auf, neue Familien entstehen. Dies lässt sich von der einzelnen Familie auf die Menschheitsfamilie insgesamt übertragen.

Das Geheimnis ist, dass in der Zukunft nur jene Familien und Beziehungen Bestand haben, bei denen sich die Menschen aufgrund einer identen Seelensignatur finden.

Eine idente Seelensignatur zu haben, heißt, auf einer ähnlichen Frequenz zu schwingen. Dies gilt auch für ganze Völker.

JJK: Die Chemie muss passen – wird landläufig auch gesagt.

SEELENSIGNATUR BESTIMMT DIE NEUEN BEZIEHUNGEN

JESUS: Schwingung ist Magnetismus – Menschen und Menschengruppen ziehen sich an oder stoßen sich ab. Auf der Neuen Erde gibt es keine großen Abweichungen in der Schwingung. Was es gibt, sind individuelle Veranlagungen, spezifische Aufträge und unterschiedliche Mentalitäten, auf die es sich einzuschwingen gilt.

Die Grundsignatur – vom Dienst am Leben und der Achtung allen Lebendigen – ist jedoch bei allen Menschen vorhanden. Es ist die Ausrichtung der Seele auf den universellen Geist der Liebe. Niemand verliert sich im Klein-Klein eines falschen Egos.

Diese Grundausrichtung ist mit der seelischen Potenz das Kriterium der neuen Menschenfamilien.

Für Mann und Frau beginnt eine NEUE Zeit. Sie finden in Zukunft aufgrund ihrer von Karma befreiten Seelen zusammen und nicht aufgrund der Notwendigkeit, Karma zu erlösen.

Das schließt Dramen für die Zukunft aus. Auf der NEUEN Erde wird es weder menschliche noch planetare Dramen geben.

Akzeptiert die Umstellungen und achtet auf eure Schwingung. Meidet alles, was diese hinunterzieht, und meidet alle Menschen, die diese negativ beeinflussen.

Ihr könnt niemanden, der nicht umkehren will, zur Umkehr bewegen.

Achtet stets darauf, wo und mit wem ihr seid. Die Dinge nehmen ihren Lauf und der Mensch geht seinen Weg. Das Licht Gottes wirkt. Seid euch bewusst:

Es ist ein natürlicher Vorgang, der sich jetzt in der menschlichen Gesellschaft ereignet. Wer das alte Leben behalten möchte, wird es verlieren, wer sich seiner spirituellen Wirklichkeit öffnet, der wird seiner Unsterblichkeit begegnen.

Mit diesen Worten segne ich Dich.

Bis du von der großen Reise zurückkehrst in die Einheit allen Lebens, bleibe ich bei dir.

JESUS

Gott behütet den Menschen
überall, gleich, wo er sich befindet.
Umstände, die notwendig sind,
können überall erzeugt werden.
Deshalb fürchtet euch nicht.
Vertraut vielmehr eurer Intuition
und folgt den Möglichkeiten,
die sich aufgrund eures
inneren Wissens auftun.

MEISTER KUTHUMI

DIE EMPATHIELOSE MENSCHHEIT

GESPRÄCH MIT
MEISTER KUTHUMI

MARATHON-WELTREKORD IM WIENER PRATER
WAS IST LOS MIT DEN MENSCHEN?
ERSTER, BESTER, SCHNELLSTER
80:20
WAS GERNE IGNORIERT WIRD
WIE BEI VERSTAND BLEIBEN?
WARUM BLENDEN VIELE DAS OFFENSICHTLICHE AUS?
GROSSE KLAPPE, ABER NICHTS DAHINTER!
REINES MENSCHSEIN
WIE EINST JESUS

12. OKTOBER 2019

MARATHON-WELTREKORD IM WIENER PRATER

BERICHT JJK: *„Mit einem Lächeln hat Eliud Kipchoge die letzten 400 Meter abgespult und ist im Ziel von seiner Gattin Grace, seinem Coach Patrick Sang und den Schrittmachern begeistert empfangen worden. Der Kenianer war am Samstagvormittag in Wien einen Marathon in 1:59:40,2 Stunden gelaufen und als erster Mensch unter der 2-Stunden-Schallmauer geblieben. „Ich habe meinen Traum realisiert", jubelte Kipchoge."* (ORF) [8]

Bei diesem Traum waren mein Sohn und ich heute am 12. Oktober 2019 in Wien live dabei. Wir wohnen Luftlinie vielleicht 500 Meter von der Prater Hauptallee, wo diese Veranstaltung stattfand, entfernt. So war es für uns ein Leichtes, diesen sportlichen Leckerbissen zu erleben. Allein den Läufern zuzusehen, die allesamt Kraft, Eleganz, hohe Konzentration und den festen Willen, es zu schaffen, ausstrahlten, war für mich ein echter Genuss – und dies bei einem derart hohen Tempo von rund 21 km/h über 42 Kilometer, so etwas ist einfach eine Sensation. Das „Wunder Mensch" und die „Schönheit des Menschen" wurden mir bei diesem Lauf ins Bewusstsein gerückt.

Als mein Sohn und ich von den Eindrücken derart „gefesselt" heimspazieren und die Veranstaltung ausklingt, nehmen wir wahr, wie Zuschauer damit beginnen, sich Erinnerungsstücke mitzunehmen.

Dabei werden Banner, Aufkleber oder Transparente, die an der Laufstrecke angebracht waren, entfernt. Während ich noch darüber nachdenke, ob das denn überhaupt erlaubt ist, erspäht mein Sohn (8 Jahre) ein Utensil, das er sich gerne holen möchte. Doch da kommt ihm ein in etwa 70-jähriger Mann zuvor. Ich staune, wie ignorant und kaltherzig dieser Mann nur auf seinen eigenen Vorteil bedacht ist, uns zwar wahrnimmt, aber dann ganz bewusst so tut, als gäbe es uns nicht. Jetzt blicke ich mich um und sehe, wie sich immer mehr Menschen bedienen und etwas „zusammenrauben".

Es herrscht die nackte Gier. Selten habe ich diese Schwingung so stark wahrgenommen. Anstatt vom „Wunder Mensch" zu sprechen, wundere ich mich jetzt nur noch über die Menschen. Kalt und warm wechseln sich innerhalb von Minuten ab. Nachdem mein Sohn erneut ein kleines spannendes Objekt für sich ausfindig gemacht hat, frage ich einen Ordner, ob wir das mitnehmen dürfen. Freundlich willigt dieser ein. Doch wieder stürzt sich ein „Erwachsener" voreilig auf das begehrte Stück und er wird im letzten Augenblick lautstark von seiner Frau, die sich etwas schämt, „zurückgepfiffen". Ich bin schockiert.

Danach setzen wir den Weg fort und ich denke mir, was machen diese Menschen erst, wenn es wirklich um etwas geht. Wenn zum Beispiel ein großer Stromausfall

stattfindet oder wenn die Finanzkrise zuschlägt, Hyperinflation herrscht, die Kaufhäuser leer sind und es keine Lebensmittel mehr gibt, wenn der Kampf um das nackte Überleben einsetzt: Was machen diese Menschen dann – Kooperation oder purer Egoismus?
Ohne einen einzigen Meter gelaufen zu sein, komme ich wahrscheinlich viel erschöpfter Zuhause an, als all die Weltklasseathleten. (BERICHT ENDE)

Meine Frage: WAS IST LOS MIT DEN MENSCHEN?

MEISTER KUTHUMI: Es sind die Folgen einer auf Konkurrenz anstatt auf Kooperation aufgebauten Menschheit.

Das ist der IST-ZUSTAND von einem Großteil der Menschheit und an der Heilung dieses Zustandes wird jetzt gearbeitet – und dies auf vielen Ebenen.

Ich bin bei dir und ich segne jeden Menschen, der diesem Gespräch jetzt folgt.

Geliebter Mensch,

diese von Jahn geschilderte Beobachtung kann über die vielen guten, lichtvollen und egobefreiten Maßnahmen und Absichten von Menschen nicht hinwegtäuschen.

Die große Mehrheit der Menschen ist „umerzogen“, sich selbst entfremdet worden und voll von falschen Verhaltensmustern.

ERSTER, BESTER, SCHNELLSTER

Von Kindheit an werdet ihr darauf getrimmt, erster, bester, schnellster zu sein. Eine Auslese des Stärkeren, wer auf der Strecke bleibt, ist unwesentlich. Empathie oder Mitgefühl ist für die meisten Menschen nicht einmal mehr ein Fremdwort, sondern ein gänzlich unbekanntes Wort. Das kommt im Leben vieler nicht mehr vor und dergestalt entwickelt sich die menschliche Gesellschaft, so lange, bis der Punkt erreicht ist, an dem dieses System nicht mehr aufrechtzuerhalten ist, da es unter der Last der eigenen Verkommenheit zusammenbricht.

JJK: Was gibt den Ausschlag dafür?

MEISTER KUTHUMI: Das göttliche Licht, die göttliche Liebe, die der Erde und den Menschen jetzt in einem unerschöpflichen Ausmaß zufließen. Dies erzeugt das Phänomen, dass die, die sich vom falschen Ego lösen wollen, beste Bedingungen dafür vorfinden, während die, die weiterhin ihr falsches Ego füttern wollen, diese lichten Energien aus der ZENTRALEN SONNE nicht mehr ertragen können.

Diese Menschen werden von der Erde genommen. Es ist ein Prozess, der seit Jahren im Gange ist und der sich in der kommenden Zeit sehr beschleunigen wird.

JJK: Ich stelle mir dann immer wieder die Frage, wie viele Menschen es gibt, die empathielos agieren und wie viele sind voller Mitgefühl – in Prozenten und weltweit gesehen? Welche Tendenz ist bei wie vielen Menschen vorherrschend?

80 ZU 20

MEISTER KUTHUMI: Das Verhältnis ist 80 zu 20.
80 Prozent der Menschen oder jener Wesen, die als Mensch erscheinen, sind kaum in der Lage, Mitgefühl zu empfinden. Diese hohe Zahl bedeutet, dass bis zum Tag X, so vielen Menschen wie möglich, die Gelegenheit geboten wird, umzukehren, sich selbst zu beleben und den Durchbruch in ihr Herz zu schaffen.

Gott nimmt sich jeder Seele an – bis zum Ende aller Tage auf Erden und weit darüber hinaus.

JJK: Was aber bedeutet dies für uns? Welche Folgen hätte beispielsweise ein großer Stromausfall wirklich oder eine Krise, die den Überlebenskampf der einzelnen Menschen in den Vordergrund rückt?

MEISTER KUTHUMI: In einzelnen Bereichen sind die Folgen drastisch. Dort, wo heute bereits das Faustrecht herrscht, regieren in solchen Situationen pure Brutalität und Unmenschlichkeit. Dort, wo heute das Mitgefühl ausgeprägt ist, regieren dann noch mehr Mitgefühl und Liebe. In der Tendenz nimmt in Notsituationen immer diese Energie zu, die im einzelnen Menschen ausgeprägter ist.

JJK: Das heißt, vor allem in den bevölkerungsreichen Städten wird es Mord und Totschlag geben?

MEISTER KUTHUMI: Wie zu jeder Krisenzeit auf einer Erde der 3. Dimension, auf der die Menschen kaum eine Anbindung an das Göttliche besitzen, geht es um das nackte, körperliche Überleben. Dies zeitigt Folgen, die neue Verstrickungen erschaffen und neues Leid erzeugen.

WAS GERNE IGNORIERT WIRD

JJK: Kann das wiederkommen? Ich meine, jetzt, da alle vom Aufstieg reden, wo so viele Menschen „weg-driften" und das, was ist, gar nicht mehr sehen wollen? Negativität oder Bösartigkeit wird vor allem von „Esoterikern" gerne ignoriert.

MEISTER KUTHUMI: Das ist die neue heraufziehende Tragik vieler Menschen. Sie wollen weder ihren eigenen psychischen und spirituellen Status wahrhaben noch können sie den ihrer Mitmenschen realistisch einschätzen. Ein profundes Urteilsvermögen ist vielen Menschen fremd. Deshalb bleibt es für viele unvorstellbar, wozu Menschen in bestimmten Situationen fähig sind. Es ist beides gegeben: Die absolute Liebe oder der tiefste Hass – und die Potenziale zu erkennen, ist Aufgabe des Einzelnen.

JJK: Manchmal denke ich, dass die Menschheit ja gar nicht mehr fähig ist, selbst klar zu denken oder mitfühlend zu sein. Bei den Beeinflussungen durch die uns ständig umgebenden Strahlungsfelder (und 5G kommt noch!) bis hin zur Ernährung, von der Wettermanipulation bis hin zu Impfungen, von Medien, die unsere Gedanken kontrollieren wollen bis hin zur Gleichmachung aller Menschen (GENDERN!), beginnend bei den Jüngsten. Wie soll in dieser Lage und unter diesem Druck ein Mensch bei Verstand bleiben?

WIE BEI VERSTAND BLEIBEN?

MEISTER KUTHUMI: Diese Faktoren werden beim Prozess der heutigen weltweiten Transformation immer berücksichtigt.

Das heißt, da sich der große Teil der Menschheit in einer unfreiwilligen Amnesie befindet, wird die Gnade Gottes unerschöpflich sein. Deshalb vertraut und geht, was das Endresultat betrifft, niemals vom Zustand der jetzigen Menschheit aus. Alles kann und wird sich sehr rasch ändern und bewegen.

JJK: Doch bei einer Quote von 80 zu 20 muss das ja im Falle des Falles schrecklich werden?

MEISTER KUTHUMI: Für eine kurze Zeit wird es, nachdem der finale Umstellungsprozess ausgelöst wurde, drunter und drüber gehen. Alle, die Gott im Herzen tragen und die ihr falsches Ego abgelegt haben, werden sich zu diesen Stunden am richtigen Ort befinden. Kaum ein Ungemach wird euch erreichen. Der Schutz Gottes ist absolut, seid euch gewiss. Doch seid euch auch bewusst, dass bestimmt Ereignisse kommen müssen, ehe die neue Menschheit zusammenfinden kann. Alles Übel wird noch einmal auftreten, ehe es ein für alle Mal diesen Planeten verlässt.

Die große Reinigung wird alles, was niederen Instinkten dient, entfernen und auflösen.

JJK: Wie vermittelt man diese Tatsache einem Menschen, der voller „Licht-und-Liebe-Illusionen" ist? Ich höre immer wieder: „Ich liebe alle Menschen und deshalb werden mir alle Menschen auch mit Liebe begegnen."

„So erschaffe ich mir meine Realität!", sagen sie.

Ich erhalte Briefe, in denen sich mir Menschen mitteilen und einfach nicht glauben können, dass zum Beispiel viele Menschen – die jetzt als sogenannte „Flüchtlinge" nach Deutschland, Österreich, die Schweiz oder in andere europäische Länder kommen – zweifelsfrei eine sehr destruktive und gewaltbereite Lebensart aufweisen. Das wird nicht automatisch besser, indem ich Licht und Liebe sende. Meist bedarf dies vieler Inkarnationen, in denen sich beim einzelnen Menschen die Entwicklung zum Lichteren vollziehen kann. Warum sind so viele Menschen naiv und blenden das Offensichtliche aus?

WARUM BLENDEN VIELE DAS OFFENSICHTLICHE AUS?

MEISTER KUTHUMI: Meist sind dies Menschen, die ihre eigene Transformation an einem bestimmten Punkt abgebrochen haben. So können sie nicht tiefer blicken. Denn wer bei sich selbst den Schatten nicht sieht, der kann die verborgenen Absichten des Nächsten nicht erkennen. Junge und jüngere Seelen verhalten sich derart – ihnen fehlen das Wissen, die Erfahrung vieler Leben und auch die Weisheit. Die Folge sind falsche Zuordnungen und ein Mangel an Unterscheidungskraft.

Dies ist ein natürlicher Vorgang in der individuellen Evolution, der nur in seltenen Fällen beschleunigt oder vorgezogen werden kann.

JJK: Ich denke jetzt, wenn es zu einer Krise kommt, werden ja vor allem die Menschen, die ja heute schon tendenziell zur Gewalt neigen, umso mehr zur Gewalt greifen. Vor allem in den Ballungszentren und Städten mit den Parallelgesellschaften und No-go-Areas könnte es ungemütlich werden? Dann kann es ja nur heißen: „Raus aus der Stadt!"

MEISTER KUTHUMI: Dies ist generell richtig, hängt aber genauso von der Region und dem genauen Stadtteil ab, in dem jemand lebt.

Gott behütet den Menschen überall, gleich, wo er sich befindet. Umstände, die notwendig sind, können überall erzeugt werden. Deshalb fürchtet euch nicht. Vertraut vielmehr eurer Intuition und folgt den Möglichkeiten, die sich aufgrund eures inneren Wissens auftun.

Wenn dieses System – basierend auf Konkurrenz und Lieblosigkeit – dem Feuer, dem Sturm, dem Wasser und der Erde übergeben wird, dann bleib du ganz bei dir! Für alles Weitere ist gesorgt.

JJK: Was ist los mit den Menschen, wird es bald besser? Ich denke da jetzt an meine Kinder, aber auch an die vielen Kinder, die in diese Welt hineingeboren werden.

Mit jedem Tag nach ihrer Geburt entfernen sie sich doch von sich selbst. Sie werden – so viel gegensteuern kann man als Eltern gar nicht – vom System „angetriggert" und auf das Überleben trainiert. Anstatt einander zu unterstützen, werden sie zu Konkurrenten – und in den Schulen stehen Empathie oder Achtsamkeit auch nicht gerade am Stundenplan.

Kleinkinder von 6 Monaten wählen noch den Unterstützer, Kleinkinder von 21 Monaten verhalten sich schon wie Konkurrenten. Dies ergab eine aufsehenerregende Studie.

Studienleiter Paul Bloom ist sich sicher:
„Eine wachsende Zahl von Beweisen legt nahe, dass Menschen von Beginn an einen rudimentären moralischen Sinn haben. Mit Hilfe von gut konzipierten Experimenten können sie schon im ersten Jahr des Lebens Schimmer von moralischem Denken, moralischen Urteilen und moralischen Gefühlen sehen. Ein gewisser Sinn von Gut und Böse scheint uns in den Knochen zu stecken."[9]

Sogar die Menschen, die gerne vom Mitgefühl sprechen, die Esoterikszene ist voll davon, sind dann, wenn es darauf ankommt, meist sehr egobezogen.

Ich kann das in meinem Umfeld immer wieder beobachten. Menschen halten mit ihrem Ego gerne an Besitz, Meinungen oder Glaubenssätzen fest, geben sich als „halb-erleuchtet" aus und sparen selbstredend auch nicht mit Ratschlägen bei den anderen. Vereinfacht gesprochen:

GROSSE KLAPPE, ABER NICHTS DAHINTER!

MEISTER KUTHUMI: Ein jeder Mensch wird heute unmissverständlich mit sich selbst konfrontiert. Diese Begegnungen finden jetzt statt. Unausweichlich begegnet ein jeder Mensch seinem eigenen Spiegelbild und das so lange, bis es ihn und er es erfasst hat. Eine wahre Umkehr wird erst durch diesen wahrhaftigen Prozess möglich.

Das ist auch der Grund, warum es derzeit so hoch hergeht auf der Erde. Die Wahrheit bricht überall durch. Der Schein löst sich auf und das, was wirklich ist, wird ersichtlich. Das ist bei der Auflösung von niedrigen Schwingungsmustern selten schön oder erhaben.

Auch die, die gerne vorgeben, dem Lichte zu dienen, oder die vortäuschen, eine Quelle von Mitgefühl zu sein, sind meist verwirrt oder verirrt. Wahres Mitgefühl, wahre Empathie werden weder zur Schau gestellt noch von Schönrederei begleitet.

- ***Wer liebt, der liebt und bemüht nur selten Worte.***
- ***Wer sein Ego beherrscht, macht darüber kein Aufheben.***
- ***Wer erkannt hat, trägt sein Wissen niemals stolz vor sich her, denn er braucht keine Bestätigung im außen.***

Ein wahrlich mitfühlender Mensch trägt sein Himmelreich im Herzen. Er breitet es weise dort aus, wo es dem Menschen dient, und nicht dort, wo es für den Nächsten eine Bedrohung darstellen könnte.

Solch ein Mensch ist reines Sein. Wie viele solcher Menschen kennst Du? Bist du selbst einer von diesen? Nutze die verbleibende Zeit für deine „KLARWERDUNG". Jedes erlöste Thema bringt dich deiner Befreiung um eine Stufe näher.

Was rund um dich geschehen muss, wird geschehen. Achte nur darauf, dass die Finsternis dein Feuer nicht erstickt.

Du erschaffst deine Wirklichkeit selbst, doch die Wirklichkeit für die ganze Menschheit erschaffen alle Menschen gemeinsam. Deshalb schließe niemals 1 zu 1 von dir auf alle Menschen.

WIE EINST JESUS

Wenn du die Liebe in dir verwirklicht hast, breitet sie sich aus. Wie einst JESUS kam, um Licht und Liebe zu den Menschen zu bringen, so bist heute du gekommen, um es IHM gleichzutun – und so, wie nach JESUS Jahrhunderte des Lernens, des Erlebens und des Bewusstwerdens vergingen, werden auch nach dir Jahrhunderte vergehen.

Genauso wie der Samen, den Jesus legte, heute in deinem Herzen aufgeht, wird der Samen, den du legst, morgen in den Herzen der Mitmenschen aufgehen.

Das Wesen der heutigen Zeit besteht darin, dass sie dem aufrichtigen Sucher den Aufstieg in das Licht in diesem Leben ermöglicht. Für alle anderen Menschen behalten die Gesetzmäßigkeiten der Zeit ihre Gültigkeit – Anfang und Ende werden Epoche für Epoche durchmessen.

Bleib von all dem unbeeindruckt! Gehe deinen Weg der Heilung bis an den Rand der Zeit, denn erst dort erblickst du den Ozean deiner Unendlichkeit.

Ich bin MEISTER KUTHUMI

Die Beichte wurde ersonnen, damit alles vergeben wird und nichts wirklich gutgemacht werden muss.

JESUS

BEICHTE UND SAKRAMENTE SIND DUNKLE INSTRUMENTE

GESPRÄCH MIT
JESUS

DIE BEICHTE
DIE SAKRAMENTE

20. OKTOBER 2019

DIE BEICHTE

JJK: Die katholische Beichte – welchen Sinn erfüllt sie wirklich? Ich hatte schon als Kind den Eindruck, dass das eine Augenauswischerei ist. Die Menschen „beichten“, fühlen sich erleichtert und führen ihr Leben in Sünde fort – Absolution – um etwas erleichtert mit der Unmenschlichkeit fortzufahren. Ich habe mich immer gefragt, was das soll, wenn sich kein einziger Mensch wirklich ändert! Die Kinder wurden weiter geschlagen und die Tiere im Stall weiter zur Schlachtbank geführt, manchmal sogar mit unglaublicher Brutalität eigenhändig umgebracht. Nach der Beichte wurde gelogen, gestohlen oder die Ehe gebrochen – wie zuvor. Niedrige Instinkte blieben erhalten und wurden bis zur nächsten Beichte ausagiert. Ich dachte oft: Am Sonntag beichten, als Buße ein Vaterunser beten und den Rest der Woche ein Monster sein – und das Jahr für Jahr bis zum Lebensende! Was für ein destruktives Modell und wofür?

JESUS: ***Die Beichte wurde ersonnen, damit alles vergeben wird und nichts wirklich gutgemacht werden muss.***

In stummer Übereinkunft mit dem Priester werden Geschehnisse, die nach Wiedergutmachung und nach einer Umkehr verlangen, einfach mit ein paar Gebeten weggewischt.

Die Beichte ist ein Instrumentarium der dunklen Fürsten, um die Menschen im Zwielicht zu halten.

JJK: Dabei werden in der Kirche ja schon die Jüngsten darauf trainiert. Ich erinnere mich noch, als ich als 6-Jähriger in der Erstkommunionvorbereitung die ersten Male zur Beichte ging. Ich erfand einfach Sünden, damit der Pfarrer zufrieden war und nicht lästig wurde. Dies hielt ich dann über Jahre hinweg so. Ich konnte mit dem Begriff der Sünde nichts anfangen. So sagte ich Dinge wie, „ich habe meiner Mama nicht gefolgt" oder ich hätte gelogen, obwohl das gar nicht stimmte. So wurde ich durch die Beichte zur wirklichen Lüge veranlasst. Was für eine verkehrte Welt?

JESUS: Das Verkehrt-sein ist der tiefere Sinn der Beichte – und es ist die Illusion, von den Sünden befreit zu sein, ohne wahre Einsicht zu haben oder Wiedergutmachung zu bewirken. Zusätzlich hält die Beichte das „Schuldkonzept" aufrecht, damit die Menschen aus der Schuld- und Sündenspirale niemals hinauskommen.

Diese Art von Vergebung dient allein dem Zweck, damit die Menschen ihr Gewissen für einige Zeit erleichtern und dann mit ihrer Schlechtigkeit fortfahren können. Sie bleiben die armen Sünder, als die sie die Kirche haben möchte.

Wahre Vergebung setzt tiefe innere Erkenntnis voraus und bewirkt in der Folge eine Umkehr im Menschen. Solange ein Mensch seine „Sünden“ wiederholt oder durch die Beichte dazu sogar angehalten wird, kann sich nichts wirklich wandeln.

JJK: Die Beichte ist ein Placebo?

JESUS: Eine Illusion, die mit wirklicher Freiheit und echter Vergebung nichts zu tun hat.

DIE SAKRAMENTE

JJK: Noch ein Aspekt in der Kirche beschäftigt mich seit Langem – die Sakramente. Was bewirken die Sakramente, von denen die Beichte/Buße eines ist, wirklich? Was hat es mit Taufe, Eucharistie, Erstkommunion, Firmung, Ehesakrament oder den Sterbesakramenten – auch Krankensalbung genannt – wirklich auf sich?

JESUS: Es sind Initiationen, die dich fest an die materielle Welt binden sollen. All diese Einweihungen haben allein den Sinn, dir den direkten Zugang zu Gott zu verschließen und die Macht der Kirche in deinem Leben zu festigen. Deshalb kehren diese Rituale an allen wesentlichen Lebensstationen eines Menschen wieder.

Im Zentrum steht die Eucharistie. Dabei werden die Menschen regelmäßig neu bespielt.

Für alle Menschen, die daran nicht teilnehmen, wird durch Ehe oder Krankensalbung die Taufe aufgefrischt und, wie im Fall des Sterbens, bis über den Tod hinaus bekräftigt. Jedes Sakrament, das der Taufe folgt, ist eine Bestätigung derselben.

Sakramente haben die Macht, die spirituellen Zugänge des Menschen zu verschließen, und sie tun es bei den meisten Menschen sehr wirkungsvoll.

JJK: Welche Folgen hat das Sterbesakrament – mir scheint dieses ein „BESONDERES" zu sein?

JESUS: Dadurch soll der Mensch für das Leben danach und für das nächste Leben an die Kirche gebunden bleiben. Der Vertrag mit dem Menschen wird über den Tod hinaus gefestigt, indem er auf die feinstoffliche Ebene übertragen wird.

JJK: Was aber, wenn ein Mensch nach seinem Tod erkennt, dass alles nur Hokuspokus war? Kann er dann diese Verträge nicht einfach auflösen?

JESUS: Verträge müssen auf der Ebene aufgelöst werden, auf der sie geschlossen wurden.

Das erfordert – von Ausnahmen abgesehen – eine neuerliche Verkörperung im Kontext der entsprechenden Kirche. Dann können diese Vereinbarungen ungeschehen gemacht werden.

JJK: Welche „Ausnahmen" sind hier angesprochen?

JESUS: Menschen, die aufgrund ihrer Aufträge voll bewusst in ein Leben im Umfeld der Kirche eingewilligt haben. Wer mit Aufträgen, den Boden von innen heraus zu lockern, ausgestattet ist, dem können auch diese Einweihungen nichts anhaben, da dieser Mensch auf einer anderen geistig-seelischen Ebene operiert. Ab einem bestimmten Punkt in der Bewusstwerdung ist es gleichgültig, was dir auf einer niedrig schwingenden Ebene widerfährt – du kannst es nach deiner Reise, und nachdem du deine Aufgaben erfüllt hast, immer abstreifen. Das Bewusstsein macht den Unterschied.

JJK: Interessant ist für mich ja auch, dass es viele Menschen gibt, die mit der Kirche wenig oder nichts zu tun haben, doch die Sakramente gehen sie sich gerne abholen. Eine kirchliche Hochzeit oder ein kirchliches Begräbnis ist für viele Menschen immer noch das Nonplusultra – auch die Taufe ist für viele unverzichtbar. Warum?

JESUS: Da die Glaubensprogramme über Jahrhunderte und über viele Inkarnationen tief im zellularen

Bewusstsein der Menschen abgespeichert sind – dies aufzubrechen und zu lösen, erfordert ein bestimmtes Bewusstsein. Die Kirche nicht ernst zu nehmen, kann ein erster Schritt sein, ist jedoch für eine Loslösung zu wenig. Die Taufe, das Ehesakrament und die letzte Ölung haben deshalb einen solchen Stellenwert, da mit diesen Stationen des Lebens immer sehr große Umbrüche verbunden sind. Der Eintritt in das Leben, die Veränderung der Familiensituation oder das Sterben haben ein Gewicht, bei dem die manipulierten Menschen glauben, den Beistand der Kirche zu brauchen.

Dies ist immer unter dem Aspekt zu sehen, dass kirchliche Programmierungen von einem Leben in das nächste mitgenommen werden. Wird sich jemand dieses Übergriffes bewusst, dann kann er mit den Aufräumungsarbeiten beginnen. Alles andere ist wirkungslos und Zeiten überdauernde Verträge bleiben aufrecht.

JJK: Bei dieser Frage braucht es ja keine Revolution. Die Menschen können still und leise „NEIN DANKE" zu den zweifelhaften Segnungen der Kirche sagen. Als ich als angehender Theologe erkannte, was diese Organisation ist, bin ich einfach ausgetreten. Später habe ich meine Gelübde, Einweihungen und Verträge aufgelöst – still und leise, ich war befreit – Priester und katholische Eiferer drohten mir mit der Hölle und der ewigen Verdammnis, aber da muss man wohl durch – oder?

JESUS: Widerstand ist immer möglich und dem muss nur richtig begegnet werden, jedoch, wer etwas wirklich durchschaut und als wahr erkannt hat, dem ist nicht beizukommen. Dieser Menschen empfindet jeden Angriff oder Widerstand als Bestätigung seines Tuns.

Der Vorgang, bei dem immer mehr Menschen sich still und leise von der römischen Kirche verabschieden, dehnt sich immer weiter aus. Die Tage dieser und ähnlicher Institutionen sind gezählt.

Es ist unmöglich, dass auf einer hoch schwingenden Erde die Verbreiter von niedriger Schwingung weiterexistieren können.

Ich bin bei euch, ich bleibe bei euch, denn diese Zeit braucht den Himmel auf der Erde, damit die Erde zum Himmel werden kann.

Ich bin JESUS

Habt keine Angst vor Verfolgung oder vor Leid. Erlöst alle Dramen, die euch in vielen Leben zugefügt wurden, und steht auf! Ängste aus der Vergangenheit blockieren euch. Das darf nicht mehr vernachlässigt oder akzeptiert werden!

SANANDA

WETTLAUF
MIT DER ZEIT

GESPRÄCH MIT
SANANDA

WERDEN WIR UNS ERINNERN?
SOLLEN WIR AUF DIE STRASSE GEHEN?
DER UMBRUCH GESCHIEHT!

10. NOVEMBER 2019

WERDEN WIR UNS ERINNERN?

JJK: Wie viel Zeit bleibt uns Menschen noch? Werden wir uns erinnern, ehe es zu spät ist?

SANANDA: Geliebter Mensch, der du dieser kurzen Übertragung jetzt folgst, diese Erde befindet sich mitten im Wandel und strebt den finalen Umbrüchen entgegen – und immer mehr Menschen können sich erinnern, erinnern, dass sie weitaus mehr sind als ein Mensch, gefangen in einem sterblichen Körper. Diese Erinnerung kehrt jetzt in großem Ausmaß zurück. So erinnern sich auch Menschen, die das selbst niemals gedacht hätten oder von denen es niemand erwartet hätte. Ist die kritische Masse in diesem Vorgang erreicht, dreht sich alles zum Besten. Dann werden die Projekte, die heute schon einzelne Menschen beschäftigen, in Windeseile verwirklicht.

Dem Ende dieser Matrix liegt die Erinnerung des einzelnen Menschen zugrunde.

JJK: Was beinhaltet diese Erinnerung?

SANANDA: Das Wissen, das Verstehen, das Begreifen und das Bewusstsein, dass du ein unendliches, unsterbliches Wesen bist, dass du seit unendlicher Zeit lebst und für unendliche Zeit leben und fortbestehen wirst – und in diesem Augenblick schwindet jede Angst.

Genauso wie Gott ohne Anfang und Ende ist, bist du ohne Anfang und Ende.

Auf der Erde hat man dich glauben lassen, dass alles anders sei und eine große Illusion über die Abtrennung wurde erschaffen. Diese kann nur aufrechterhalten werden, solange die Menschen daran glauben, solange sie die irdische Wissenschaft und die irdischen Wissenschaftler als Maß aller Dinge akzeptieren.

Auch irdische Religionen stehen deiner Erinnerung sehr im Wege. Während für die Wissenschaft nur die sichtbare Schöpfung existiert, hat für die Religion nur der unsichtbare Schöpfer Bedeutung.

Hier ist das Verständnis begrenzt und die Vertreter der einzelnen Richtungen halten sich selbst für das Maß aller Dinge. Falscher könnte eine Wissenschaft nicht sein, denn sie hält euch vom Wissen fern, anstatt es zu erweitern.

Diese Begrenzungen im Denken und Fühlen wurden von der Menschheit übernommen. Ungefragt vertrautet ihr jahrtausendelang dem, was euch die Institutionen vorgaben. Diese Zeit ist jetzt vorüber!

Ihr beginnt, selbst zu denken und eigene Gefühle zu fühlen.

Die Fremdbestimmung durch elektromagnetische Felder ist derzeit allein deshalb so umfassend, da die dunklen Fürsten dieser Erde wissen, dass die Menschheit erwacht, das heißt, ihr beginnt euch zu erinnern, wer ihr in Wirklichkeit seid.

Dies erzeugt eine enorme Dynamik und Hektik. Es herrscht eine Dringlichkeit, die Menschheit – bevor es zur kritischen Masse an Erwachten kommt – zu blockieren. Es findet in der Tat ein Wettlauf mit der Zeit statt. Deshalb ist es von entscheidender Bedeutung, dass ihr jetzt aufsteht, aufklärt und auf diese Weise euer Licht jetzt für die, die der Finsternis entfliehen wollen, entzündet.

Habt keine Angst vor Verfolgung oder vor Leid. Erlöst alle Dramen, die euch in vielen Leben zugefügt wurden, und steht auf! Ängste aus der Vergangenheit blockieren euch. Das darf nicht mehr vernachlässigt oder akzeptiert werden!

Geht mutig euren Weg des Lichts. Geht diesen im Wissen, dass euch nichts und niemand etwas anhaben kann.

Nur die Angst ist es, die dich blockiert, und nur dein mangelndes Wissen, welche Macht und Kraft wahrlich von dir ausgeht, ist es, das dich zögern lässt.

JJK: SOLLEN WIR AUF DIE STRASSE GEHEN?

SANANDA: Ein jeder Mensch, der sich erinnert, weiß, was seine Aufträge sind – und diesen gilt es gerecht zu werden. Das ist der Sinn eines Menschenlebens. Die Schöpfung erwartet von dir, dass du mit deiner Arbeit beginnst. Die Schöpfung und der Schöpfer stehen dir bei, sobald du die Richtung vorgibst und du gewillt bist, dich nicht mehr unterdrücken und ausbeuten zu lassen.

Die Illusion der Unfreiheit, der Ohnmacht oder des Mangels endet, sobald du dich entscheidest, deinen inneren Kampf gegen deine eigenen Zweifel aufzunehmen.

Schaffst du Klarheit in dir, ist Klarheit überall. Dies führt dazu, dass du erkennst, wovon sich diese Matrix ernährt: von deinen Ängsten. Dann kannst du dich dem entziehen, dann kannst du hinaustreten in das Licht und niemand hat mehr Macht über dich.

Es ist die Zeit, in der sich alles wandeln kann – und du bist es, auf den es jetzt ankommt.

Wie oft wurde das von den geistigen Ebenen des Lichts schon vermittelt? Genauso oft konnten viele damit nichts anfangen und sie haben sich diesem Ruf verschlossen.

DER UMBRUCH GESCHIEHT!

Mit dir oder ohne dich – die Auferstehung eines Teils der Menschheit ereignet sich in dieser deiner Lebensspanne und du, der du diese Zeilen aufnimmst, bist Teil dieses Erwachens. Anderenfalls könnten dich diese Worte niemals erreichen.

Worum es bei allen Bestrebungen geht, ist: Lege deine Ängste, die dich an diese Wirklichkeit ketten, ab und erkenne dich.

Was du siehst, sind deine Schöpfungen. Illusion und Wirklichkeit existieren zugleich. Sie durchdringen dich und durchdringen sich. Du bist der Schöpfer von Vergangenheit, Gegenwart und Zukunft.

Du hast es in der Hand, die Welt der Illusionen aufzulösen und in die unbegrenzte Wirklichkeit allen Lebens zurückzukehren. Die Erinnerung bringt alles zurück und das spirituelle Licht aus dem Zentrum allen Seins begünstigt diesen Vorgang.

Nutze diese Zeit weise, denn sie wird vergehen, während du bestehen bleibst.

SANANDA

Jede Maßnahme der unlichten Kräfte ist heute unter dem Aspekt des nahenden Wandels und deren bevorstehender Ablöse zu betrachten.

ADAMA VON TELOS

REVOLUTIONEN IM AUSSEN UNBEACHTET LASSEN!

GESPRÄCH MIT
ADAMA VON TELOS

MENSCHHEIT IM AUFWACHPROZESS
SELBSTVERTRAUEN UND EIGENVERANTWORTUNG
12-STRÄNGIGE DNA – WIE?
DER SCHLÜSSEL ZUM AUFSTIEG
DER SINN DES LEBENS

24. NOVEMBER 2019

MENSCHHEIT IM AUFWACHPROZESS

Couragiert Selbstverantwortung zu übernehmen, darum geht es in diesem Gespräch.

Ich bin ADAMA VON TELOS

Geliebte Mitmenschen, Menschen aus Fleisch und Blut – und doch unendlich viel mehr als das!

Wir befinden uns im Aufwachprozess der Menschheit. Allen Umbrüchen und Veränderungen geht die Zeit, in der das Alte stirbt, voraus. In dieser Phase des Aufwachprozesses befinden wir uns heute.

Jede Maßnahme der unlichten Kräfte ist heute unter dem Aspekt des nahenden Wandels und deren bevorstehender Ablöse zu betrachten.

So fürchtet euch keinen Moment! Denn was sich jetzt zeigt, konnte über Jahrtausende vor den Menschen verborgen werden. Daher nehmt ihr derzeit so viel Missbrauch, Übergriffe und Manipulationen wahr.

Ihr habt die einmalige Gelegenheit, euch dessen bewusst zu werden, denn das spirituelle Licht aus dem Zentrum allen Seins fördert dies zutage. Es ist die Chance für die Menschen, jetzt aufzuwachen.

Während dieses Prozesses der Offenbarungen, seid ihr vollends gefordert. Es geht vor allem darum, dass ihr bei euch selbst bleibt und euch niemals vor den Karren – von wem auch immer – spannen lasst.

SELBSTVERTRAUEN UND EIGENVERANTWORTUNG

Der heutige Wandel auf der Oberen Erde vollzieht sich, indem du als Einzelner deine Kraft und Macht zurückeroberst, das bedeutet, die Opferebene zu verlassen und deine Schöpferkraft zu aktivieren – das heißt – vollkommen in die Eigenverantwortung zu treten.

Selbstvertrauen und Eigenverantwortung sind die Heilmittel für dich und für die Menschheit.

Solange du die Verantwortung für deine Gedanken, deine Gefühle und deine Handlungen abgibst, so lange ändert sich nichts am Lauf der Welt – und solange du meinst, dieser oder jener, das oder jenes würden etwas für dich bewegen oder verändern, so lange hast du nichts verstanden. Es muss in dieser Deutlichkeit gesagt werden:

Der Wandel ist deine ureigene Angelegenheit – alles verändert sich allein durch dich.

Es ist dein bewusstes Erkennen, dein klares Sehen und deine Empfänglichkeit für das Göttliche, wodurch sich alles ändert.

12-STRÄNGIGE DNA – WIE?

JJK: Es ist bekannt, dass wir Menschen nur noch über eine 2-strängige DNA verfügen, dadurch also vom „Göttlichen" abgeschnitten sind. Wir habe es also sehr schwer, uns für die höheren Energien zu öffnen. Ist das ein Punkt, der hier eine Rolle spielt?

ADAMA VON TELOS: Der Weg führt euch von der ICH-BIN-Bewusstheit zur ICH-BIN-VERTRAUEN-Wahrnehmung allen Lebens. Dabei gilt es zu erkennen, dass du selbst es bist, der das, was schläft, aufwecken und das, was in dir ruht, aktivieren kann. Auch wenn du vergessen hast, welch unbegrenztes göttliches Wesen du bist, es liegt an dir, dich zu erinnern. Auch wenn vor langer Zeit das große Vergessen der Menschheit mit dunkler Magie eingeleitet wurde, so ist es jetzt an der Zeit, dich aufzurichten, dich zu erinnern. Denn:

Alles Lichtvolle – im individuellen wie im kollektiven Sinne – ist heute aussichtsreich, wird von der Quelle begleitet und ist von Gott beschützt. Es ist nichts, wie es scheint.

Bisher schien es, du hättest keine Macht, deine ganze DNA - das heißt, deine spirituelle Wirklichkeit - zu erwecken. Seit geraumer Zeit warten aufgrund dieser Fehlannahme viele Menschen auf ein Erweckungserlebnis von außen. Doch nichts geschieht!

Sie glauben, dass ihnen die vollständige DNA von jenen, die sie entwendet haben, zurückgegeben werden muss. Doch das ist ein Irrtum. Denn sie wurde dir nicht genommen, sondern deine göttlichen Fähigkeiten wurden sehr geschickt vor dir verborgen.

Alles, was du bist, befindet sich in dir und braucht nur wiedererweckt werden - und wiedererweckt wird dein spirituelles Ur-Wissen, indem du dich durch eigene Anstrengungen wieder erinnerst!

Jede Transformationsarbeit dient allein dem Ziel, dass du dich erinnerst, erinnerst, wer du in Wirklichkeit bist und was dich in Wahrheit ausmacht.

Je mehr Blockaden du beseitigst, desto selbstbestimmter und selbstbewusster wirst du. Der Weg zum voll bewussten Menschen, der für sein Leben die volle Verantwortung übernimmt, führt immer über ausdauernde und hingebungsvolle Heilungsarbeit an deinem Herzen. Verborgenes muss ans Licht gebracht und Verdrängtes dem Lichte übergeben werden.

DER SCHLÜSSEL ZUM AUFSTIEG

Solange ein Mensch mit den alten Verwundungen lebt, kann er seine Schatten nicht ablegen und eine Rückkehr in das Licht bleibt aus. Zu erkennen, dass deine eigene Geschichte der dringenden Heilung und des göttlichen Lichts bedarf, ist der erste Schritt in die Eigenverantwortung und zu einem gesunden Selbstbewusstsein. Der Einstieg in dein Leben führt ganz von selbst zum Aufstieg in das Licht.

Der Schlüssel zu deinem Aufstieg und zum Aufstieg der Menschheit ist die gelebte Eigenverantwortung.

Nichts und niemand kann dir auf deinem Pfad in die Wirklichkeit Gottes Schaden zufügen, wenn du ganz aus dir selbst heraus denkst, fühlst und handelst. Verwirf alle Möglichkeiten, die dich von dir ablenken.

Revolutionen im außen? Beachte sie nicht! Denn der Wandel geschieht allein in dir.

Das ist gelebte Eigenverantwortung, das ist wahre Selbstermächtigung!

JJK: Das heißt, sich also ganz auf sich selbst zu konzentrieren und auch an keinen Demonstrationen teilzunehmen?

ADAMA VON TELOS: Der Erwachte kennt seine Aufträge. Kennst du deine Aufträge? Dann weißt du auch, ob und wann du wo teilnehmen sollst. Darum geht es in dieser Übermittlung: ERWACHE!

DER SINN DES LEBENS

Die Welt verwelkt vor deinen Augen, jeden Tag ein Stückchen mehr – erblühe du in deinem Herzen, jeden Tag ein Stückchen mehr.

Das ist deine Hauptaufgabe in dieser Zeit – mache sie bitte auch zu deinem Hauptanliegen für dich selbst.

Der Geist des EINEN „überlichtet" diese Erde und sendet unentwegt Signale in dein Herz – bis du verstehst und begreifst, welche Machtbasis du in deinem Inneren beherbergst:

ICH BIN VERTRAUEN, WAHRHEIT,
LICHT UND LIEBE.
ICH BIN BEWUSSTSEIN VON WAHREM
BEWUSSTSEIN UND EINHEIT DER ALL-EINHEIT.
ICH BIN DAS ICH BIN – GEBORGEN IN GOTT.

Ich verabschiede mich für heute.

Nimm das Licht und die Wahrheit dieser Übermittlung in dir auf und höre diese Worte:

- Ohnmacht oder Macht – sind deine Wahl.
- Der große Wandel bedarf der vielen kleinen Schritte einzelner Menschen.
- Sein oder werden – was du dir für die ganze Welt wünschst, heißt, tief in deine Seele geblickt und dein Herz befreit zu haben.
- Der Wandel auf der Oberen Erde geschieht durch deine Verwandlung. Schenke dir selbst die Aufmerksamkeit und Liebe, die du dafür brauchst.

Es gibt keinen wichtigeren Grund für deine Existenz und keinen tieferen Sinn des Lebens.

Ich bin ADAMA VON TELOS

Die kommenden Jahre sind
die entscheidenden Jahre
der Menschheit.

JESUS CHRISTUS

2029 UND DAVOR – ENTSCHEIDENDE JAHRE DER MENSCHHEIT

GESPRÄCH MIT
JESUS CHRISTUS

DAS GROSSE AUFRÄUMEN GEHT WEITER!
MITSCHWINGEN UND DAS LEBEN UMSTELLEN
ENTSCHEIDENDE JAHRE DER MENSCHHEIT
MENSCHEN GEHT DAS LICHT AUF!
ANGST UND LÜGEN: DEINE UNTERSCHEIDUNGSKRAFT IST GEFRAGT!

27. NOVEMBER 2019

2029:
Vieles wird sich erfüllt haben, vieles wird noch auf Erfüllung warten. Der dichte Filter, der kaum Licht durchließ, ist entfernt und die Menschen machen große Schritte zur Bewusstwerdung. Die Prozesse der Vervollkommnung des Menschen laufen aus heutiger Sicht in unglaublicher Geschwindigkeit und Konsequenz, sodass die Bevölkerung auf der Oberen Erde eine gänzlich andere Signatur als heute aufweist.

DAS GROSSE AUFRÄUMEN GEHT WEITER!

Das große Aufräumen geht jedoch weiter, denn obwohl das Licht durchgebrochen ist und sich die Menschheit am direkten Weg zurück zu einer voll bewussten Spezies entwickelt, wirken die alten Tage nach.

Die neue Menschheit entsteht auf diesem Erdenboden. Dies ist nur möglich, wenn die alten Fundamente vollständig abgetragen werden. Niedrige Beweggründe, Energien aus Hass und Eifersucht, Neid und Gier, ein falsches Ego oder eine begrenzte Sicht des Lebens haben keinen Platz mehr.

Der großen Reinigung folgt das große Aufräumen – und 2029 befindet sich die Menschheit mitten darin.

Von heute an werden die Prozesse der Klärung auf der Oberen Erde mit noch mehr Nachdruck und Kraft vonstattengehen. Die Zeit dreht sich schneller und schneller - und schneller zeigen sich auch die unerlösten Themen der Menschheit.

Im individuellen Bereich und im globalen Zusammenhang - alles ereignet sich in einer Geschwindigkeit, die alles Bisherige übertrifft. Deshalb driften Beziehungen und Freundschaften plötzlich auseinander und neue Verabredungen werden erkannt und wahrgenommen. Die wahren Familien finden zusammen und alles, was der alten Zeit und den alten Mustern und Vorstellungen geschuldet war, löst sich auf.

Menschen, die diese Vorgänge nicht mittragen wollen, da sie sich dem Wandel verweigern, werden diese Erde verlassen und zu gegebener Zeit ihre Erfahrungen und Schulungen im menschlichen Körper fortsetzen. Alles drängt die Menschen jetzt dahin, mit der Zeit und mit dem Licht dieser Zeit mitzuschwingen.

MITSCHWINGEN UND DAS LEBEN UMSTELLEN

Mitzuschwingen, heißt, jeden Tag mit sich selbst zu arbeiten, sich selbst zu beobachten, sich selbst zu klären und - was nötig ist - zu verändern.

Jeder Mensch ist heute aufgefordert, aktiv sein Leben umzustellen, es umzukrempeln, wenn es geboten – und geboten ist das bei sehr vielen Menschen.

Meidet jede Ausrede, wie Alter oder Stand. Jeder ist heute eingeladen, sich selbst in die Mitte zu bringen sowie Frieden und innere Harmonie herzustellen.

Alle Dämonen der alten Tage können in einer sehr kurzen Zeit weichen, so du mit ganzer Kraft bei der Sache bist.

Die Menschheit wird auf den Aufstieg kalibriert. Es ist ein Aufstieg in die Welt des inneren Lichts, denn fürwahr: Auch dein Königreich ist nicht von dieser Welt.

Versäume keine Gelegenheit für dein inneres Wachstum!

Überschreite die Grenzen, die dir bisher eine scheinbare Sicherheit boten! Gehe weit über den Horizont hinaus, denn dort findest du das vergessene und verlorene Paradies!

Alle Ereignisse auf der Erde führen dich dahin, dass du dich erinnerst, dass du eines Tages aufwachst und weißt, wer du wirklich bist und was dich ausmacht.

ENTSCHEIDENDE JAHRE DER MENSCHHEIT

Die kommenden Jahre sind die entscheidenden Jahre der Menschheit.

Auf der Erde beginnen die großen Umbrüche und der einzelne Mensch schwingt mit, lernt daraus und leitet die richtigen Schlüsse für sich selbst ab.

Die großen Umbrüche kommen noch, die großen Impulse von der Zentralen Sonne werden für deine Umkehr noch ausgesandt. Die Basis, dass sich in kurzer Zeit alles verändern kann, wird erst gelegt.

Jetzt werdet ihr darauf vorbereitet und die beste Vorbereitung besteht darin, sich selbst in einen friedfertigen und liebevollen, inneren Grundzustand zu bringen, das Sichtbare richtig zuzuordnen und der unsichtbaren Wirklichkeit immer größeren Raum einzuräumen - zuerst in dir.

Viele Herausforderungen warten in eurem Inneren wie auch in der äußeren Welt darauf, von euch gemeistert zu werden - und mit ganzer Hingabe an deine eigene Transformation und mit bedingungslosem Gottvertrauen hältst du die zwei wirkungsvollsten Werkzeuge für diese Zeit in deinen Händen.

JJK: Im Buch „2026 – Offenbarungen Gottes" heißt es: *„Die ‚alte Zeit' tritt allmählich ganz zurück und fällt der Vergessenheit anheim. In den Büchern der Erde ist diese vergangene Zeit als Zeit des ‚Großen Dienstes' geführt und als Zeit einer ‚freiwillig in die Dunkelheit hinabgestiegenen Menschheit' festgeschrieben.*

Alle Potenziale, die bis 2026 nicht zur Gänze umgesetzt wurden, finden in den folgenden Jahren die bestätigenden Ereignisse vor. Durch die Kraft eures Willens und die Macht eurer Absichten beeinflusst ihr das Ausmaß dieser Bewusstwerdung.

Diese Dynamik ist nicht genau vorherzusehen, daher kann es immer wieder zu Verzögerungen oder auch zu einer Beschleunigung der Ereignisse kommen.
Der Wille des Einzelnen hat die Macht, diese zu beeinflussen – und je mehr „absichtsreiche" und liebende Energien in diesen Prozess eingespeist sind, desto mächtiger sind die Umwälzungen auf allen Ebenen des Lebens auf Erden.

Die Dynamik eurer Entfaltung bestimmt ihr durch eure Absichten, doch die große Umbildung allen Lebens auf dem Planeten ist längst gewährleistet. Das ist eingeschrieben im Buch der Erde, in dem jedes Geschehen aufgezeichnet und dokumentiert ist: niedergeschrieben, versiegelt und unauslöschlich festgehalten.

Die Menschheit erwacht und hat die Reise ins Sein angetreten.
Das größte Jahrhundert in der Geschichte des Planeten ist angebrochen – und ihr werdet es als eine vollkommene und aufgestiegene Menschheit beschließen, als geeinte Menschheit, die unentwegt Frieden, Freude, Mitgefühl, Wissen und Liebe erschafft und sich dadurch nahtlos in die Reihe aller voll bewussten Gesellschaften des Universums einreiht.

Die Jahre nach 2026 vervollständigen die bereits angetretene Entwicklung im individuellen wie auch im globalen Umfeld allen Lebens auf Erden."[10]

Meine Frage: Mir wurde in den letzten Wochen, offensichtlich als Vorankündigung auf diese Botschaft, das Jahr 2029 öfter „eingespielt". Welche Bedeutung hat 2029 im Besonderen und welche die Jahre von 2026 bis 2029?

JESUS CHRISTUS: Die Jahre nach 2026 sind die Jahre, in denen sich die Entwicklung zum lichtvollen Menschen festigt. Sehr viele Ereignisse und Erkenntnisprozesse lösen zunächst im einzelnen Menschen eine Umkehr aus. Dies hat immer zur Folge, dass der Mensch erlangtes Wissen an die Mitwelt weiterreicht. In diesen 3 Jahren, von 2026 bis 2029, werden die Menschen in großer Mehrheit das Bewusstsein erlangen, an der lichtvollen Zukunft aktiv mitzugestalten.

Sie werden ihren Platz genau erkennen und ihre Fähigkeiten einbringen.

MENSCHEN GEHT DAS LICHT AUF!

Sehr vielen Menschen geht das Licht auf.

Es ist die Zeit, in der die Dimension des Umbaus der Menschheit bewusst wird – und auch die Notwendigkeit, sich mit allem dabei einzubringen, mitzugestalten, mitzugehen und miteinander zu sein: Eine Mehrheit hat dann diesen Weg gewählt.

JJK: Also nur noch 9 Jahre durchhalten?

JESUS CHRISTUS: Euer Himmelreich ist wahrlich nicht von dieser Welt. Wer im Inneren wächst, wer sich ausdehnt in sich selbst und heil wird, der gestaltet augenblicklich an der Zukunft mit. Solch ein Mensch lebt bereits die Wirklichkeit, auf die andere warten, das heißt, der Schlüssel zu einem erfüllten Dasein liegt immer in dir.

Durchzuhalten ist eine Möglichkeit, mitzugestalten ist die bessere Wahl – durchzuhalten und beharrlich zu sein, wenn es schwierig ist, aber unentwegt an der Zukunft mitzugestalten, das ist der Weg.

JJK: Die Zeit vergeht wie im Flug. Was steht uns aber jetzt unmittelbar 2020 und 2021 bevor?

JESUS CHRISTUS: Es sind massive Umbrüche, begleitet von unübersehbaren und unüberhörbaren planetaren Ereignissen. Das baut sich seit Jahren auf. Zunächst scheint alles verloren und hoffnungslos - doch nur für eine kurze Zeit - sehr rasch zeigen sich das Licht und der große lichtvolle Plan für jene, die ihn sehen können, da sie sich darauf vorbereitet haben.

ANGST UND LÜGEN: DEINE UNTERSCHEIDUNGSKRAFT IST GEFRAGT!

In den Jahren 2020 und 2021 kommt es auf die Unterscheidungskraft des einzelnen Menschen an, denn die Illusion der Angst wird Ausmaße erreichen wie nie zuvor. Diese Illusion in den Momenten, wo sie sich aufbläst, zu erkennen, das ist die Aufgabe. Viele werden ihr anheimfallen und sich vereinnahmen lassen, doch viele werden ihre Ängste überwinden, dahinter blicken und zusehen, wie sich die Ängste in Luft auflösen. Wissen ist bedeutend, Intuition bedeutender und spirituelle Wahrnehmung - von allem, was geschieht - ist entscheidend.

JJK: Was genau ist gemeint?

JESUS CHRISTUS: Täuschungen und Lügen auf allen Ebenen - und je mehr Menschen diese Lügen durchschauen, desto schneller lösen sie sich auf. Hier geht es um innerliche Prozesse im Einzelnen und nicht um Revolutionen durch das Kollektiv der Menschen.

Die Energie wird dem System zuerst durch eine klare Erkenntnis des Individuums entzogen. Dies ist der erste und wichtigste Schritt, der in der Folge Veränderungen auslöst.

In den kommenden zwei Jahren kommt es für den einzelnen Menschen darauf an, Lichtes von Unlichtem, Liebloses von Liebe und GUT von BÖSE zu unterscheiden. Danach weicht die Angst, Vertrauen in die eigene Macht entsteht und das Leben geht auf einer höheren Stufe weiter - ohne Beeinträchtigung der Manipulatoren.

JJK: Das Dunkle wird nochmals aufleben?

JESUS CHRISTUS: Ja. ***Das Dunkle muss aufleben, damit die Menschen lebendig werden können, die Finsternis muss als Finsternis wahrgenommen werden, damit die Sehnsucht nach dem Licht entstehen kann.***

Es sind die Jahre, in denen sich Illusionen auflösen und die Wirklichkeit immer sichtbarer wird.

Die Angstenergien breiten sich aus, damit ihnen Einhalt geboten werden kann. Die Finsternis kommt nieder und erweckt in den Menschenherzen die Sehnsucht nach dem Licht.

Die Zeit der Spiegelungen ist angebrochen und so begegnet jeder Mensch seinem Licht, nachdem er sich im Spiegel der Wahrheit seinen eigenen Ängsten gestellt hat. Diese zu erlösen, sind das Alpha und das Omega dieser Tage.

Die Menschheit steht unter dem Schutz Gottes, damit sich der Aufstieg vollziehen kann – und du, geliebter Mensch, bist Licht von meinem Lichte, bis du dich selbst erkennen kannst.

Ich bin JESUS CHRISTUS
Ich liebe dich unendlich.

Solange Tiere für dich Nutztiere sind, hast du nicht begriffen, denn so, wie du mit den Tieren umgehst, wird mit dir umgegangen.

JESUS CHRISTUS

5G UND DAS MALZEICHEN

JESUS CHRISTUS

WIE DEN TIEREN SO AUCH DEN MENSCHEN
PFLEGST DU EINEN LIEBEVOLLEN UMGANG MIT
DEINER MITWELT?

28. NOVEMBER 2019

WIE DEN TIEREN SO AUCH DEN MENSCHEN

Bewusstheit wird erlangt, indem du deine Seelenanteile Mosaik für Mosaik zusammenführst, bis das Bild vollständig und deine Seele wieder ganz ist. Auf diese Weise überwindest du die Trennung in dir und die Trennung von allem, was ist.

Geliebter Mensch,

das Rad der Zeit dreht sich weiter und der Aufstieg kann nur durch konsequente Heilungsarbeit erlangt werden – Heilungen, die zuerst in deinem Inneren stattfinden müssen – das ist die Basis für jeden Schritt nach außen. Dieser Schritt ist notwendig, da die massiven, schädlichen Einflüsse von Energiefeldern nur durch dein Tun aufgehalten werden können.

Dein Tun besteht in einem deutlichen NEIN zu jedem schädlichen Verhalten der Natur, den Tieren und den Menschen gegenüber.

Es gibt viel zu tun, denn das Leid, das Menschen über die Erde und über das Tierreich bringen, ist unerträglich für fühlende und liebende Wesenheiten.

Die Ausbeutung von Mutter Erde geht weiter und die Misshandlung der Tiere hat bis heute kein Ende gefunden.

Unbewusst, kaltherzig und in Verblendung begegnet die Menschheit allem, was auf dieser Erde lebt und heilig ist.

Die Menschheit hat vor langer Zeit, durch tiefe Verstrickungen in bösartigen Verhaltensweisen, ihre Unschuld verloren und sie bis heute nicht zurückgewonnen - mehr noch - immer tiefer steckt sie im Dilemma, das darin besteht, dass sie oft das Gute möchte, doch immer aufs Neue das Böse erschafft.

Nun ist es so weit gekommen, dass die dunklen Mächte die Ausbeutung von Mutter Erde und die der Tiere auf die einzelnen Menschen ausdehnen. Obwohl es ihr letzter Schlag gegen die Menschheitsfamilie ist, ist es ein Schlag von großer Kraft. Darauf zu antworten, ist nun von euch gefordert.

Die flächendeckende Einführung von Frequenzen, die man euch als fortschrittlichen und unverzichtbaren 5G-Standard schmackhaft macht, trägt den Kern großer Zerstörung in sich.

Es ist die logische Weiterentwicklung auf der Oberen Erde und es ist der letzte Schritt, bevor es LICHT wird überall und FRIEDEN herrscht auf der Erde.

„Und es bringt alle dahin, die Kleinen und die Großen, und die Reichen und die Armen, und die Freien und die

Knechte, dass sie ein Malzeichen annehmen an ihre rechte Hand oder an ihre Stirn; und dass niemand kaufen oder verkaufen kann als nur der, der das Malzeichen hat, den Namen des Tieres oder die Zahl seines Namens. Hier ist die Weisheit. Wer Verständnis hat, berechne die Zahl des Tieres, denn es ist eines Menschen Zahl; und seine Zahl ist 666." (Offenbarung, Kapitel 13, 16–18)

Diese Offenbarung beginnt sich zu erfüllen und es kommt auf dein NEIN an.

PFLEGST DU EINEN LIEBEVOLLEN UMGANG MIT DEINER MITWELT?

Zunächst bist du eingeladen, deine Beziehung zu Mutter Erde und zu deinen Geschwistern aus den Tierreichen zu überprüfen. Pflegst du einen liebevollen Umgang mit deiner Mitwelt, mit allen Geschöpfen der Erde? Ernährst du dich immer noch von Tieren, obwohl ausreichend pflanzliche Lebensmittel vorhanden sind?

Solange Tiere für dich Nutztiere sind, hast du nicht begriffen, denn so, wie du mit den Tieren umgehst, wird mit dir umgegangen.

Kläre also diesen Status wahrheitsgemäß ab.
Hier ist dein erstes NEIN gefragt!

Mach dir in der Folge bewusst, wo sich in dir noch unerlöste Themen befinden. Spüre die verlorenen Mosaiksteine deiner Seele auf und füge alles zusammen.

Daraufhin hast du alle Voraussetzungen, um den jetzt auftretenden Manipulationen und Angriffen auf deinen Geist und deinen Körper zu widerstehen. Hier wird dein zweites NEIN möglich!

Je gesünder du auf geistig-seelischer Ebene bist, desto unerreichbarer bist du für schädliche Schwingung – und die Gesundheit auf geistig-seelischer Ebene beginnt bei deinem Verhalten dem Tierreich gegenüber.

Alles ist miteinander verbunden und sei dir gewiss: Alles, was du für deine Mitwelt tust, hast du für dich getan.

Die Menschheit steht heute vor den finalen Umbrüchen. Sie wird Lichtvolles hervorbringen, erhaben und freudvoll sein. Jedoch davor gilt es sich selbst auf eine bestimmte Stufe von Bewusstheit anzuheben. Dann brauchst du die Täler, die jetzt von vielen Menschen durchschritten werden, nicht mehr zu durchschreiten.

Beende den Aufstiegstourismus und betrachte deine eigene Transformationsarbeit nicht länger als eine Nebenbeschäftigung, der du mal mehr, dann weniger Zeit einräumst!

Nimm dich der Suche nach den verlorenen Mosaiken deiner Seele mutig und entschlossen an – ohne Umwege ist das dein Pfad ins Licht.

In vollkommener Liebe!

JESUS CHRISTUS

Unser Dienst der Liebe für diese Menschheit endet dort, wo es dem Menschen an Liebe, Verständnis und Mitgefühl dauerhaft mangelt.

DIE GROSSE BAUMSEELE

5G: „WIR WERDEN UNSER BESTES GEBEN!“

DIE GROSSE BAUMSEELE

BÄUME DIENEN DEN MENSCHEN
LIEBE SCHÜTZT DICH!
VERBINDE DICH MIT NATURWESEN

01. DEZEMBER 2019

BERICHT: *Beim Spaziergang durch den spätherbstlichen Falkensteiner Wald denke ich darüber nach, wie es wohl den Bäumen ergehen wird, wenn 5G kommt. An einer Weggabelung steht ein kräftiger, großer Baum und ich habe plötzlich das Bedürfnis (ich habe das noch nie gemacht!), diesen Baum zu umarmen. Es ist ein frostiger Sonntagnachmittag, doch je länger ich meine Arme um den Baum ausbreite, desto wärmer wird mir. Schließlich wird mir richtig angenehm warm. Ich schließe meine Augen und stelle dem Baum die Frage wegen 5G, die mich so beschäftigt. Ich fühle sehr große Traurigkeit, Stärke und Liebe. Die Baumseele legt mir den Satz „Wir werden unser Bestes geben!" in mein Herz. Kurz darauf setze ich meinen Weg fort. Zuhause angekommen erhalte ich die folgende Botschaft.*
(BERICHT ENDE)

Geliebte Menschen,

ihr wisst nicht, was ihr tut, wenn ihr euch auf diese Strahlungsfelder einlasst, doch ihr werdet es sehen, fühlen und erfahren, denn die Auswirkungen können nicht unbemerkt bleiben.

Ich bin die GROSSE BAUMSEELE, Wächterin des Lebens, die den Bäumen innewohnt. Unsere Aufgabe war und ist es, euch zu dienen, allem Leben auf Erden zu dienen.

BÄUME DIENEN DEN MENSCHEN

Wir versorgen die Geschöpfe auf der Erde mit Energie und Licht, mit Liebe und Kraft, sodass ein jedes Geschöpf seinen einzigartigen Pfad der Entfaltung gehen kann. Wir erschaffen das Klima, in dem die Menschheit wachsen und gedeihen kann. Wir freuen uns mit euch und wir weinen mit euch, wir feiern mit euch und wir trauern mit euch. Das Band zwischen den Baumseelen und den Menschen ist stark und war bisher in der Lage, viele große Umbrüche zu meistern. Nicht nur wir haben Wurzeln geschlagen auf der Erde, sondern auch ihr, die ihr Leben auf Leben tiefer in das Geheimnis allen Seins eingedrungen und vorgedrungen seid.

Heute stehen Menschen und Bäume vor der Situation, sehr schädlichen Strahlungsfelder ausgesetzt zu sein. Diese Belastung hat in den Jahren zugenommen und wird jetzt durch die 5G-Technologie so groß, dass wir nicht vorhersagen können, wie lange wir die Menschen davor beschützen können.

Bäume und Wälder absorbieren diese Strahlung, doch es ist uns unmöglich, dies dauerhaft zu tun, das heißt, wir werden unsere Wurzeln auf dieser Erde verlieren und unsere irdischen Behausungen auf dieser Schwingungsdichte womöglich nach und nach aufgeben müssen.

Dies soll euch aber keine Angst machen, sondern - ganz im Gegenteil - dazu anspornen, alles zu unternehmen, was in eurer Macht steht, um das Schlimmste zu verhindern.

LIEBE SCHÜTZT DICH!

Schützt euch zunächst selbst davor, indem ihr euch bewusst macht, was 5G mit euch machen kann.

Die euch übermittelten Symbole und Empfehlungen aus den Geistigen Reichen des Lichts wendet weise und konsequent an - dann ist zunächst für einen Teil der Menschheit Sorge getragen. Es gibt immer Menschen, die die größten Krisen überdauern und denen nichts und niemand etwas anhaben kann.

Schütze dich durch dein waches Bewusstsein, das bedeutet, durch die Schwingung von Liebe. Mache dir bewusst, in welcher Lage sich die Menschheit jetzt befindet und wie du selbst darauf antworten kannst: GEWAHR-SEIN ist der Schlüssel.

Die Bäume, die Wälder werden euch wie bisher jeden erdenklichen Schutz bieten, doch es ist abzusehen, dass wir dies nicht dauerhaft gewährleisten können. Auch unsere Kraft hat Grenzen.

Unser Dienst der Liebe für diese Menschheit endet dort, wo es dem Menschen an Liebe, Verständnis und Mitgefühl dauerhaft mangelt.

Wir wissen, welchen Einflüssen die Menschheit heute ausgesetzt ist und welche Kräfte im Hintergrund zu eurem Nachteil wirken. Wir wissen aber auch, dass ihr es selbst in der Hand habt, dagegen zu lenken – STOPP und NEIN zu sagen!

Noch ist nicht die ganze Menschheit kontrolliert und manipuliert. Noch gibt es ausreichend freie Geister und Erweckte, die den Umschwung herbeiführen können. Ihr habt es wirklich selbst in der Hand und für alles, was sich eurem Bereich entzieht, stehen die Mächte des Lichts und die Naturwesen der Erde bereit, um euch zu unterstützen.

Wir sind eine einzige Einheit – Himmel und Erde und alles, was auf der Erde ist. Seid euch dessen bewusst.

VERBINDE DICH MIT NATURWESEN

Ich lade dich ein, dich mit den Naturwesen zu verbinden, dort Kraft zu tanken und Hilfe zu holen. Ich lade dich ein, dich mit den Seelen der Bäume zu verbinden.

Deine Umarmung bringt Liebe in dein Herz und Heilung zu allen Menschen.

Wir sind nicht verloren! Wenn wir zusammenstehen und wenn euch bewusst wird, dass Bäume lebendige Wesenheiten sind, die euch auch in dieser Situation beistehen, dann ist viel erreicht. Unsere Bewusstheit geht weit über eure Vorstellungen hinaus und was wir immer im Blick haben, ist: das Wohl allen Lebens und das Wohl aller Menschen.

Es wird kommen, dass sich Himmel und Erde gleichzeitig öffnen. An dem Tag werden die Seelen der Bäume aufsteigen und ihre Wurzeln auf dieser Erde zurücklassen. Dann werden wir voller Freude den Tag der Rückkehr auf einem höher schwingenden Planeten erwarten, denn dann ist die große Reinigung, bei der sich die Spreu vom Weizen löst, im Gange.

Bitte gebt niemals auf, für das Lichte, das Gute und Schöne, für das Leben einzustehen. Denkt weit über ein Menschenleben hinaus und lasst euch von Ängsten nicht beherrschen. Liebe ist angstfrei, Mitgefühl bringt Frieden und die Wahrheit bedeutet Freiheit.

Die Tage der Wahrheit kommen! Daran führt kein Weg vorbei. Die Frage ist nur: „Wer bist du und was tust du, wenn du gerufen bist – und was weißt du über dich?"

Geben wir gemeinsam alles, was uns zur Verfügung steht, um unseren Dienst am Leben zu erfüllen, alles Weitere liegt in den Händen des Schöpfers und ist in der Obhut Gottes.

Wir sind eins, geliebter Mensch! Deine Seele und meine Seele kommen aus der Einheit.

Wir unterscheiden uns nur darin, dass wir uns – im Gegensatz zu den meisten Menschen – erinnern, wer wir waren, wer wir sind und wer wir werden.

In tiefer Liebe bleiben wir bei dir

DIE GROSSE BAUMSEELE

Die größte Umweltverschmutzung
entsteht durch negative
Gedanken, die zu destruktiven
Handlungsweisen führen.
Die Absichten eines Menschen
prägen das Klima auf der Erde.

SANANDA

DIE GRÖSSTE UMWELTVERSCHMUTZUNG!

SANANDA

WAS IHR AUF DER ERDE ANRICHTET
DIE MÄCHTE DES LICHTS
DER MENSCH IST IM HERZEN GUT

05. DEZEMBER 2019

WAS IHR AUF DER ERDE ANRICHTET

Den Mangel an Liebe zu beheben, die Abwesenheit von Mitgefühl zu beenden und tiefen inneren Frieden zu erlangen, darum geht es bei allen Anstrengungen im heutigen Transformationsprozess der Menschheit.

Könntet ihr aus übergeordneter Sicht sehen, was ihr der Erde antut, es würde kaum zu ertragen sein und eure Herzen würden sich auftun. Jedoch geht es darum, dass ihr aus eurer Perspektive eine andere Haltung zum Leben einnehmt und dass ihr als Teil dieser Erde zu verantwortungsvollem Handeln gelangt.

Die größte Umweltverschmutzung entsteht durch negative Gedanken, die zu destruktiven Handlungsweisen führen. Die Absichten eines Menschen prägen das Klima auf der Erde.

Schädliche Taten sind immer die Folge von destruktiven Gedanken. Jedoch nicht alles, was sich die Menschen ausdenken, kann und wird sich manifestieren. Denn in diesem Falle würde sich die Menschheit selbst zerstören und den Planeten auslöschen. Das heißt, die geistigen Ebenen des Lichts sind damit betraut, alle destruktiven Gedanken, die für die Erde zu viel wären, aufzufangen und aufzuheben, doch aufgehoben heißt nicht, dass sie aufgelöst sind.

Alles, was der Erde und allem Leben auf der Erde unwiderruflich schaden könnte, wird auf einer Ebene „geparkt", bis der einzelne Mensch bereit ist, sich das anzusehen und sich damit zu konfrontieren.

Niemand entkommt sich selbst. Der Blick in die eigene finstere Gedankenwelt ist Teil jeder Heilung.

DIE MÄCHTE DES LICHTS

Diese Botschaft soll dich darin bestärken, dass du weitergehst und die Begegnung mit dir selbst suchst – so lange, bis du im Spiegel deiner Selbst Wahres von Unwahrem unterscheiden kannst.

Diese Botschaft soll dir zeigen, dass, gleich, was der Mensch auch ersinnt, höhere Kräfte auf der Erde wirken. Es sind Mächte des Lichts, die es niemals gestatten, dass sich die Erde zerstört und die Menschheit als Ganzes in ein unbeschreibliches Drama stürzt.

Der größte Schaden, das heißt, die Selbstauslöschung der Menschheit, wird nicht eintreten. Was geschehen wird, ist, dass die Menschheit zur Besinnung gebracht wird und dass einzelne Menschen mit ihren negativen Gedanken, schädlichen Absichten und verwerflichen Taten konfrontiert werden, damit sie umkehren können.

DER MENSCH IST IM HERZEN GUT!

Doch einen freien Zutritt zum Herzen haben die wenigsten Menschen. Deshalb ist es auf der Welt, wie es ist, und deshalb wird es kommen, wie es kommen muss: Umwälzungen, die die Menschheit zur Besinnung bringen, und Veränderungen, die die jetzige Ordnung auf den Kopf stellen und somit wieder geraderücken. Wenn ihr nur sehen könntet, was ihr auf der Erde anrichtet und wie sehr ihr der Mitwelt schadet – ihr würdet keinen Tag länger bei diesem Tun bleiben.

Die Zeit, in der euch ein Licht aufgeht, ist wahrlich gekommen – und die Zeit, in der euch der Himmel zu Hilfe eilt, ist angebrochen. So fürchtet euch nicht, ihr Menschen, die ihr euer inneres Licht entfacht habt und die ihr zum Wohle allen Lebens wirkt und handelt – fürchtet euch nicht!

Seid euch bewusst: Was geschehen muss, wird geschehen, damit diese Menschheit zur Besinnung kommt und Mutter Erde heilen kann.

Hüte deine innere Flamme des Lichts und der Liebe, sie ist dein größter Schutz in dieser Zeit.

In unendlicher Liebe
SANANDA

Glück wird immer durch innere
Bewusstheit erfahren und niemals
durch äußere Umstände.
So kann ein Armer reich sein
und ein Kranker sich sehr
gesund fühlen.

ATMAR

WIE WIRD GLÜCK ERREICHT?

GESPRÄCH MIT
ATMAR

IN DEN REICHEN DER KLÄRUNG
DAS RÜCKFLIESSEN ZUR QUELLE
DAS GRÖSSTE ABENTEUER

11. DEZEMBER 2019

IN DEN REICHEN DER KLÄRUNG

JJK: Wo war ich heute Nacht – ich bin total gerädert?

ATMAR: In den Reichen der Klärung.

JJK: Was ist geschehen?

ATMAR: Wünsche und Begierden wurden gelöst und entfernt.

JJK: Wodurch?

ATMAR: Durch deine spirituelle Führung und durch das Licht Gottes.

JJK: Bin ich jetzt wunschlos?

ATMAR: Nein! Wünsche, die dich am spirituellen Pfad voranbringen und weiter anheben, bleiben erhalten. Wünsche, die dich in die Materie ziehen, sterben aus.

JJK: Es ist aber auch die Materie wichtig, da wir ja auf materieller Ebene unsere spirituelle Entwicklung absolvieren. Uns umgibt Materie und wir selbst sind materiell.

ATMAR: ***Du bist ein Geistwesen. Erst dadurch kannst du materiell werden.***

Die Rückbesinnung darauf ist es, worauf es beim Erwachen ankommt.

Zu leben mit der Materie ist etwas anderes, als von ihr abhängig zu sein und sich ihr ausgeliefert zu fühlen. Wird ein Mensch ganz von seinem unsterblichen Geist absorbiert, dann überquert er die Brücke des Todes und er geht direkt in das ewige Leben ein. Dieser Aufstiegspfad ist den Menschen auf der Erde kaum bewusst, deshalb verstricken sie sich immer aufs Neue in dieser materiellen Wirklichkeit.

JJK: Aus dem Geist heraus zu wirken und auch materielle Dinge zu erschaffen - aber nicht den ganzen Fokus auf Materielles zu lenken - verstehe ich das richtig?

DAS RÜCKFLIESSEN ZUR QUELLE

ATMAR: Richtig ist, dass nur der Geist etwas erschaffen kann. Richtig ist, dass dir materielle Dinge zufliegen, sobald zwei Bedingungen dafür erfüllt sind:

1. Die Auflösung von Unrecht, das durch Gier, Geltungssucht und Machtbestreben anderen Menschen und Situationen in einem Zeitraum eines Lebens zugefügt wurde und
2. das Rückfließen deiner Energien zur Quelle.

Auf diese Weise erschaffst du alles!

JJK: Wie ist das Rückfließen zu verstehen?

ATMAR: Jeden Gedanken im Lichte Gottes zu klären, jedes Wort im Lichte Gottes zu betrachten und jede Tat dem Lichte Gottes zu weihen – auf diese Weise kann ein Mensch Glück erfahren und Vergängliches wird ab einem bestimmten Moment nicht mehr beachtet. Das untrügliche Zeichen für das Rückfließen deiner Energien zur Quelle ist deine Sehnsucht nach Gott.

DAS GRÖSSTE ABENTEUER

JJK: Wie ist es dann zum Beispiel, wenn jemand krank ist oder kein Geld hat. Wie kann dieser Mensch Glück erfahren, wo ja das Leid oder der Mangel das ganze Leben überlagern?

ATMAR: ***Glück wird immer durch innere Bewusstheit erfahren und niemals durch äußere Umstände. So kann ein Armer reich sein und ein Kranker sich sehr gesund fühlen.***

Es einfach nicht zu beachten und sich ganz auf Gott einzulassen – das ist für alles die wirkungsvollste Lösung. Wünsche kommen und gehen.

Selbst ein Mensch geht von dieser Erde und kommt wieder. Doch dein ewiger Geist ist unbegrenztes, unsterbliches Bewusstsein. Sich darauf einzulassen, ist das größte Abenteuer und diesem bist du heute einen Schritt nähergekommen.

Ich bin die Liebe und das Leben

Ich bin ATMAR

Schließt euch zusammen, bündelt eure Kräfte, sagt NEIN, habt keine Furcht – und ihr seid frei! So einfach ist das und so wirkungsvoll.

DIE GROSSE BAUMSEELE

WARUM SÄGEN WIR AM AST, AUF DEM WIR SITZEN?

GESPRÄCH MIT DER
GROSSEN BAUMSEELE

SIND DIE MENSCHEN DUMM?
PARASITÄRES VERHALTEN DER DUNKLEN
DIE LICHTVOLLE WAHRHEIT
WIE FREIES DENKEN MÖGLICH IST
GLAUBE AN DICH!
WIR SIND VERANTWORTLICH FÜR DIE ERDE

22. DEZEMBER 2019

SIND DIE MENSCHEN DUMM?

JJK: Seit meiner ersten Baumumarmung und der darauffolgenden Botschaft ist beinahe ein Monat vergangen. Seitdem bin ich einige Male durch den Wald gestreift, doch beim heutigen Waldspaziergang waren mir die Bäume wieder ganz nahe. Die ganze Zeit über sprach ich mit den Bäumen. Ich dachte an die Botschaft „Wir werden unser Bestes geben!“ und stellte mir die Frage, warum die Menschen so dumm sind – denn durch ihr Verhalten der Natur gegenüber vernichten sie sich am Ende ja auch selbst?

Haben nicht nur die Bösewichte, sondern gleich die ganze Menschheit den Verstand verloren? Ist ihnen ihr Tun nicht bewusst, können sie nicht denken? Es ist doch so klar! Mit ein wenig Hausverstand wird deutlich, dass wir die Erde vernichten, wenn wir so weitermachen! Was läuft hier wirklich im Hintergrund, sodass für die Menschheit und die Lebewesen alles schiefzulaufen scheint?

DIE GROSSE BAUMSEELE: Ich bin den Bäumen Mutter und Vater, ich bin jedem Menschen, der die Natur würdigt und achtet, der nächste Freund. Ich bin allgegenwärtig in allen Wäldern. Wo die Natur wächst und wo Gräser sprießen, da bin ich zu Hause und da findest du mich. Wer sich mit mir verbindet, dem schenke ich Wärme, Geborgenheit und Liebe.

Ein jeder Mensch wird gestärkt durch die Bäume und kann Weisheit erlangen durch die GROSSE BAUMSEELE, die ich bin.

Geliebter Mensch,

du weißt nicht, was du tust, wenn du die Natur missachtest. Du kennst die Folgen deiner Handlungen nicht und wirst folglich damit konfrontiert werden, bis du die Achtsamkeit wieder entwickelst und dich selbst als ein Teil des Ganzen entdeckst und begreifst. Diese Lernphase ist heute angebrochen und die Menschen werden zu sich selbst zurückgeführt.

Du fragst, Jahn, warum das möglich ist? Warum sägen die Menschen an dem Ast, auf dem sie sitzen? Da sie sich dessen nicht bewusst sind und da sie nicht mehr klar und schnell genug denken können. Viele negative Einflüsse haben dazu geführt, dass der Mensch das Unwesentliche dem Wesentlichen vorzieht.

JJK: Was sind diese negativen Einflüsse, die sich auf das Denken auswirken?

DIE GROSSE BAUMSEELE: Elektromagnetische Felder, die die Grundschwingung des Herzens zerstören, Ernährung, die schädliche chemische Prozesse im Körper auslöst, und Ängste, die auf dieser Welt unentwegt geschürt und verstärkt werden. Der durchschnittliche Mensch hat zudem alle Hände voll zu tun, auf dieser Welt zu überleben. Auf der Erde, die allen alles bietet, wurde auf jedes Gewächs ein Preisschild gehängt, nur damit eine kleine Gruppe von Dunkelmächten ihren Nutzen daraus ziehen kann.

PARASITÄRES VERHALTEN DER DUNKLEN

Von welchem Nutzen spreche ich? Diese Erde dient jenen Kräften als Planet für wichtige Ressourcen. Diese Erde ist ein bedeutender Energielieferant für diese Wesenheiten und allein deshalb wird die beseelte Erde und werden die Seelen der Menschen derart ausgebeutet - eine Geschichte, die manchen Menschen bekannt ist.

JJK: Aber diese Kräfte zerstören ja durch 5G zum Beispiel nicht nur die Bäume oder Insekten, sondern schließlich auch sich selbst? Was ist dahinter?

DIE GROSSE BAUMSEELE: Sie wollen damit so lange fortfahren, bis dieser Planet mit der Menschheit ausgebeutet ist. Danach ziehen sie weiter. Es ist ein parasitäres Verhalten. Deren Körper bleiben dabei schadlos. Denn die, die diese Szene jetzt aufführen, haben eine andere Genetik und können auch auf anderen Planeten weiterexistieren.

Ein böses Erwachen wird es für jene Menschen geben, die an diesem dunklen Plan mitwirken.

JJK: Wie können die Menschen wieder dazu gebracht werden, klar zu denken? Wenn ich zum Beispiel daran denke, wie jetzt unter dem Deckmantel des Umweltschutzes der Elektromotor forciert wird. Dabei ist das genau das Gegenteil - erneut wird die Erde ausgebeutet und am Ende sogar noch zu einem Sondermülllager erster Klasse umfunktioniert, da diese Batterien unglaubliche Problemstoffe darstellen. Oder 5G - was, wenn die Menschen erst krank sind? Wird das dann zu einem Aufstand führen oder werden die Menschen auch dann noch alles über sich ergehen lassen?

DIE GROSSE BAUMSEELE: Die kranken Menschen werden „repariert"! Der Plan beinhaltet die Umformung des Menschen zur Maschine. Es soll Technik eingesetzt werden, die jene Menschen, die sich unterwerfen, vor der tödlichen Strahlung bewahren soll.

Für eine kleine Elite gibt es Oasen, an denen die Natur in aller Pracht gedeiht. Nur für die große Mehrheit der Menschen ist das nicht vorgesehen. Das ist der dunkle Plan, der sich nach heutigem Ermessen nicht erfüllen wird.

DIE LICHTVOLLE WAHRHEIT

So kommen wir zur lichtvollen Wahrheit dieser Botschaft. Immer mehr Menschen werden jetzt, da es auf der Oberen Erde immer ungemütlicher zu werden droht, bewusst. Sie wachen auf! Viele Menschen arbeiten auf unterschiedlichsten Ebenen daran, die Dunkelheit von diesem Planeten zu verbannen. Es ist ein Kampf, der schon lange ausgefochten wird und der in der nächsten Zeit immer offensichtlicher ausgetragen wird. Ja, wir werden unser Bestens geben, doch auch die Menschen bringen sich ein und geben ihr Bestes.

Was durch das Lichtwelt-Projekt zu den Menschen gelangt, ist ein Teil dieser großen Würdigung des Planeten und der Menschheit. Projekte wachsen und sprießen, lichtvolle Tatsachen werden von lichtvollen Menschen verwirklicht. Es ist ein großes Treiben auf der Erde. Die Menschenherzen sind bei Weitem noch nicht derart von der Dunkelheit eingenommen, sodass eine Umkehr unmöglich wäre. Was heute sehr bedeutsam ist, ist, dass ihr euch eurer Kraft und Macht mehr bewusst werdet.

Das dunkle Spiel funktioniert nur, da ihr mitspielt! Wird euch das bewusst, dann erblüht das Leben und die Erde wird wieder der Ort, der sie einst war.

JJK: Das heißt, noch ist Zeit, dagegen zu steuern?

DIE GROSSE BAUMSEELE: Lasst euch bitte niemals einreden, alles wäre verloren oder ihr stündet einer Übermacht gegenüber!

JJK: Was können wir tun, damit immer mehr Menschen klar und schnell genug denken können?

WIE FREIES DENKEN MÖGLICH IST

DIE GROSSE BAUMSEELE: Langsames und unklares Denken liegt den Blockaden in eurer Seele zugrunde. Ist euer Wesen auf unterschiedlichen Ebenen blockiert, so wird euer Denken blockiert. Wie wichtig die Aufräumungsarbeiten in eurer Seele und in eurem Herzen sind, könnt ihr allein daran ermessen. Je freier du innerlich bist, desto klarer und schneller denkst du. Du durchschaust die Dinge, da du keine Scheuklappen aufhast, die dir den Blick auf das Ganze versperren.

JJK: Also jeder soll weiter vor seiner eigenen Türe kehren?

DIE GROSSE BAUMSEELE: So lange, bis der Mensch wieder menschlich ist – ja – und menschlich bist du dann, wenn du dich als Teil von allem, was existiert, begreifst und dich so verhältst, dass niemandem mutwillig oder aus einem Mangel an Kenntnis Schaden zugefügt wird.

Wenn du dich als göttliches Wesen, als lichtvoller Teil einer lichtvollen Welt begreifst, dann fließt so viel Liebe aus deinem Herzen, dass du nicht nur uns Bäume, sondern die ganze Welt umarmst.

Ab einem bestimmten Punkt gibt es auf dem Pfad der Liebe kein Zurück mehr - einen Punkt, den immer mehr Menschen erreichen.

JJK: Doch wenn ich in die Welt schaue, wird es ja immer schlimmer und die Menschen scheinen mir immer durchgeknallter und dümmer zu werden? So glauben doch wirklich viele, dass das CO_2 schädlich sei und reduziert werden muss, um die Erde zu retten. Dabei ist es ja gerade umgekehrt. CO_2 ist das Gas des Lebens.

„Für die Pflanzen ist Kohlendioxid, das CO_2, Lebenselixier, sie atmen das ein - so wie wir den Sauerstoff. CO_2 im Erdaltertum war zehnmal so hoch wie heute. Die Pflanzen würden ohne CO_2 sterben und wir gleichzeitig auch."
(Wolf-Dieter Storl, Buchkomplizen)[11]

Es ist ja gerade andersrum, als es uns erklärt wird. Die ganze Welt scheint verrückt und läuft verkehrt!?

DIE GROSSE BAUMSEELE: Es ist die Frage, wohin du schaust. Blicke auf Vergangenes oder auf derzeitige Dramen, doch verstärke sie nicht, das heißt, verweile mit deiner Aufmerksamkeit dort nicht zu lange.

Du bist der Gestalter deiner Zukunft, doch du bist auch der Gestalter deiner Gegenwart – und die Gegenwart wird aus der Vergangenheit heraus erschaffen. Je länger du in negativen Ereignissen feststeckst – ob gedanklich oder emotional – desto mehr fesseln dich diese Ereignisse. Dadurch binden sie dich an eine Gegenwart, die du eigentlich nicht willst.

GLAUBE AN DICH!

Schenkt eure ganze Aufmerksamkeit positiven und lichtvollen Projekten. Lasst euch ganz auf eure Visionen der neuen Menschheit ein.

Die Vernichter des Lebens haben nur so lange Macht, wie du daran glaubst. Alles steht oder fällt mit dem Glauben der Menschen!

Glaube daran, dass wir es schaffen! Glaube daran, dass wir unser Bestes geben. Glaube daran, dass wir die Umkehr bewirken können. Glaube an deine Kraft und an deine Macht.

Lass dir diesen Glauben bestätigen, indem du deine Wahrnehmung für die lichtvollen Tatsachen, die bereits verwirklicht sind, schärfst.

Du kennst genügend Menschen in deinem Umfeld, die mit diesen dunklen Machenschaften nichts zu tun haben wollen – und dennoch bist du oft entmutigt. Warum? Da du dich zu sehr mit den dunklen Machenschaften beschäftigst.

JJK: Aber ist Aufklärung nicht wichtig?

DIE GROSSE BAUMSEELE: Aufklärung, die positive Kräfte in euch freisetzt, ist bedeutsam. Eine Aufklärung, die euer Leben verdunkelt und euch jede Hoffnung nimmt, ist schädlich.

An heißen Tagen suche einen Baum, der Schatten spendet, nur dadurch bleibst du bei klarem Verstand. Schließt euch zusammen, bündelt eure Kräfte, sagt NEIN, habt keine Furcht – und ihr seid frei! So einfach ist das und so wirkungsvoll.

Überlasst alles Gott, was ihr in bestimmten Momenten außerstande seid zu bewirken, doch bewirkt, was ihr bewirken könnt. Sagt NEIN, gebt euer Bestes, wie wir unser Bestes geben – und uns wird Hilfe und Unterstützung zuteil.

WIR SIND VERANTWORTLICH FÜR DIE ERDE

Wir dürfen Wunder erwarten, wenn wir selbst den Boden dafür bereiten. Wodurch? Durch unsere Hingabe an Mutter Erde! Denn das ist das einzige Zeichen für die Reinheit deiner Absicht.

Liebe ist, wenn du, gleich wie aussichtslos es scheint, im Lichte bleibst und dich nicht zu lieblosen Taten hinreißen lässt.

Geliebter Mensch,

zum Ende dieser Übermittlung lade ich dich ein, dich mit mir zu verbinden.

Suche die Seelen der Bäume in den Wäldern und suche die Nähe zu mir in deinen Meditationen. Wir geben dir die Kraft aus der Natur, wodurch du zentriert und geerdet bleibst. Auf diese Weise klärst du deine Gedanken und deine Emotionen werden von Störfeldern befreit.

Die GROSSE BAUMSEELE verabschiedet sich jetzt. Als Hüter der Baumseelen verneige ich mich vor dir, geliebter Mensch, der du unsere wahre Natur begreifst und der du verstehst, dass alles eins ist. Wir sind verantwortlich für diese Erde.

Geliebter Mensch,
werde dir jetzt auch du dessen bewusst.

DIE GROSSE BAUMSEELE

Der kritische Punkt, an dem dieses System kippt, kann nur durch die Anstrengungen des Einzelnen erreicht werden. Keine Revolution wird das bewirken, auch wenn noch so viele Menschen an dieser Vorstellung festhalten.

SANANDA

AUFKLÄREN ODER NEGATIVITÄT VERBREITEN?

GESPRÄCH MIT
SANANDA

WANN BLICKT DER ABGRUND ZURÜCK?
SELBSTAUFOPFERUNG – EIN IRRTUM!
DER EINZELNE IST ENTSCHEIDEND UND NICHT DAS KOLLEKTIV
WIE SINNVOLL SIND REVOLUTIONEN?
DIE BEDEUTUNG DEINER SCHWINGUNG
AUFKLÄRUNGSARBEIT AM BEISPIEL DES KINDESMISSBRAUCHS
LICHT IN DAS EIGENE HERZ BRINGEN

09. JANUAR 2020

WANN BLICKT DER ABGRUND ZURÜCK?

JJK: Mich beschäftigt die Frage: „Wo liegt die Grenze zwischen dem Aufzeigen des Übels und dem Verbreiten von Negativität?" Einerseits ist es wichtig zu sehen, was ist, aber ab wann wird man selbst zu dem, was man sieht – oder anders ausgedrückt: „Ab wann blickt der Abgrund zurück?" Ich sehe das sehr oft bei Menschen, die Gutes tun wollen, dabei aber immer nur über das Schlechte sprechen. Wann also überschreitet jemand die Grenze und wird selbst zu dem, was er eigentlich bekämpft?

SANANDA: Sobald ein Mensch keinen übergeordneten Blickwinkel mehr einnehmen kann oder zu dem, was er sieht und tut, nicht auf Distanz geht, ist dieser Punkt erreicht.

JJK: Doch meist merken die Menschen selbst ja gar nicht, wann dieser Punkt erreicht ist?!

SANANDA: Das ist die Schwierigkeit. Dies erfordert große Bewusstheit und Disziplin.

JJK: Was geschieht mit Menschen, die das Übel auf der Welt aufdecken, selbst dabei aber unter die Räder kommen? Haben diese nicht große spirituelle Verdienste erworben?

SANANDA: In der Tat – diesen Menschen wird in den geistigen Reichen ein großer Empfang bereitet. Viele geben ihr Leben, um der Menschheit notwendige Erweckungserlebnisse zu ermöglichen. Es gibt keinen größeren Dienst, als sein Leben für einen Menschen, die Menschheit oder für seine Aufträge hinzugeben. Obwohl das niemand fordert, ist das ein Weg, den einzelne Menschen wählen. Diese Bereitschaft, alles hinzugeben, qualifiziert diese Seelen für hohe und lichtvolle Aufgaben im nächsten Leben auf dieser oder auf anderen Welten! Das grundsätzlich dazu.

SELBSTAUFOPFERUNG – EIN IRRTUM!

Heute hat der Wind jedoch gedreht! Die Selbstaufopferung ist nicht mehr notwendig, um einen Entwicklungssprung für die Menschen zu ermöglichen.

Menschen – die tief in den Abgrund blicken und der Faszination des Dunklen erliegen, Menschen, die für Revolutionen eintreten und lauthals ihren Unmut auf der Straße äußern, oder Menschen, die einen offenen Kampf mit den Mächten dieser Matrix austragen – tragen sehr oft unerlöste, alte Programmierungen in sich. Flüche, Schwüre, Versprechungen, Glaubenssätze und Meinungen aus alten Zeiten wirken in diese Leben hinein und so sind innere und äußere Konflikte vorprogrammiert.

JJK: Also nichts machen, den Mund halten?

SANANDA: Nein! Ganz im Gegenteil! Alles dafür einzusetzen, dass du selbst ein neuer Mensch wirst, dass du selbst neugeboren wirst – das verändert deine Wahrnehmung radikal. Dann nimmst du das Negative und Dunkle wahr, doch du schenkst diesem keine zu große Aufmerksamkeit – du verweilst nicht in der Teergrube.

DER EINZELNE IST ENTSCHEIDEND UND NICHT DAS KOLLEKTIV

Ein Erwachter sieht, was ist, doch er lenkt seine Aufmerksamkeit sofort auf das Gute und Lichte. Was einen Erwachten beschäftigt, sind die Lösungen, die das Individuum durch Selbsterkenntnis selbst bewirken kann. Ein Erwachter weiß, dass es auf den Einzelnen und nicht auf das Kollektiv ankommt.

Daher lenken alle Botschaften aus dem Licht, die dir seit Jahren übertragen werden, die Aufmerksamkeit der Menschen auf ihr Inneres. Dort brechen die Kriege aus oder dort wird das Friedensreich erschaffen. Es ist so einfach, doch die Menschen lieben das Komplizierte und verlieren sich in dieser Matrix.

Satan hat leichtes Spiel mit der Menschheit, solange sich der einzelne Mensch von der kollektiven Umarmung der Menschheit nicht befreit. Ihr seid wahrlich eine Menschheit, doch ein jeder Mensch ist ein eigenes Universum. Es gibt keinen Menschen wie dich und es wird niemals einen Menschen geben, der so ist oder war, wie du bist oder sein wirst.

Diese Einmaligkeit zu verstehen, sind das Alpha und Omega im Erwachungsprozess. Denn solange sich ein Mensch dem Kollektiv ausgeliefert fühlt oder sich unterordnet, kann nichts geschehen. Auch die Rebellion gegen das Kollektiv ist wenig Erfolg versprechend, da die Masse auf der 3D-Ebene träge reagiert.

WIE SINNVOLL SIND REVOLUTIONEN?

JJK: Das heißt, durch Aufstand und Revolution kann nichts verändert werden?

SANANDA: Für kurze Zeit ändert sich vieles! Nachdem ein Aufstand zu Ende ist, ordnen sich die Kräfte neu. Es werden neue Systeme erschaffen, während im Hintergrund alles beim Alten bleibt und ein und dieselben Kräfte weiterwirken. Betrachte die Geschichtsschreibung der vergangenen Jahrtausende. Was blieb von den vielen Revolten?

JJK: Zumindest haben wir keine Sklaverei mehr. Wir sind freier - oder?

SANANDA: Ihr seid anders unfrei, subtil abhängig von diesem System - und kaum jemand bemerkt das. Dazu gibt es große Ungleichgewichte zwischen dem Lebensstil einzelner Völker. Was sich ändert, ist die Art der Unterdrückung, aber nicht die Manipulation und der Missbrauch selbst. Heute merken die meisten Menschen gar nicht, dass sie Sklaven sind, da die Abhängigkeiten feiner sind. Allein die technologische Abhängigkeit sollte euch zu denken geben.

JJK: Das heißt, es gibt immer nur die EINE Möglichkeit etwas zu ändern, indem ich mich selbst ändere!

SANANDA: Das ist der Schlüssel zum kollektiven Wandel. Sobald sich die Kraft und Energie von vielen erwachten Menschen ausbreiten, ändert sich augenblicklich alles.

DIE BEDEUTUNG DEINER SCHWINGUNG

Ändert sich deine Schwingung, dann ändert sich das Schwingungsfeld des Planeten – und das macht DEN Unterschied.

Das Energiefeld der Erde wird täglich von den Gedanken

und Emotionen der einzelnen Menschen gespeist. Was sich dort ansammelt, ergibt die kollektive Wahrnehmung der Menschheit. Deshalb habt ihr noch so viele Ängste, seid ihr mutlos oder verzweifelt.

Vieles, was ihr unternehmt, um die Ausbreitung der Finsternis auf der Erde zu stoppen, hat die Ursache in eurer Verzweiflung. Es ist kein wohlüberlegtes Handeln von Erleuchteten, sondern ein Aufschrei von Menschen, die es einfach nicht mehr aushalten. Das ist ein Beginn, doch es darf nicht dabeibleiben. Souverän zu werden, heißt, genau zu wissen, wo und wann du einen Hebel ansetzt. Deshalb geht es jetzt darum, ganz in die eigene Kraft zu gelangen – und das geht nur, wenn du dich ganz mit dir selbst beschäftigst.

JJK: Egoismus – werden manche an dieser Stelle sagen.

SANANDA: Das ist der gesunde Egoismus, den ein jeder Mensch jetzt entwickeln muss, damit wahres Mitgefühl und die Liebe auf dieser Erde verwirklicht werden können. Doch genau daran scheitert es so oft.

Viel lieber sorgen sich die Menschen um den Weltfrieden, als um das Friedensreich in ihrem Inneren. Selbstgefällig wollen immer mehr Menschen das Klima des Planeten retten, anstatt in ihrer Seele für Harmonie und ein geeignetes Klima zu sorgen.

Anstatt in deinem Inneren gegen deine eigene Bequemlichkeit zu revoltieren, werden Revolutionen auf der Straße ausgetragen: Das Licht wird auf die Finsternis, die dich umgibt, und nicht auf die Dunkelheit, die noch in dir ist, gelenkt.

Das ist der Punkt, um den es jetzt geht: Selbsterkenntnis zu erlangen, neugeboren zu werden und ein lebendiges Beispiel von Licht und Liebe zu sein.

JJK: Wenn jemand aber Aufträge hat, die die ganze Menschheit betreffen?

SANANDA: Jeder Mensch hat Aufträge, die die ganze Menschheit betreffen, da sich alles auf alle auswirkt!

Jedoch die Menschen, von denen du sprichst, die, die mit spezifischen Aufgaben zur Erde reisten, diese Menschen wissen es und sie wissen auch, warum sie was und wann tun. Diese kleine Schar von Propheten und Meistern ist bereits dort, wo die meisten Menschen noch hinkommen sollen.

Der kritische Punkt, an dem dieses System kippt, kann nur durch die Anstrengungen des Einzelnen erreicht werden. Keine Revolution wird das bewirken, auch wenn noch so viele Menschen an dieser Vorstellung festhalten.

Ändere nicht die Dinge in der Welt, sondern verändere die Welt selbst – was nur geschehen kann, wenn DU dich selbst verändert hast.

AUFKLÄRUNGSARBEIT AM BEISPIEL DES KINDESMISSBRAUCHS

JJK: Das ist für mich klar. Ist es dann überhaupt eine Hilfe, wenn Aufklärungsarbeit betrieben wird?

Ich für meinen Teil kann sagen, dass mir jede noch so schwer verdauliche Wahrheit lieber ist, als eine Lüge oder nichts darüber zu wissen. Jede Wahrheit hilft mir zu verstehen, was auf der Erde läuft. Es ist zum Beispiel ja unerträglich, was mit den Kindern passiert. Jährlich verschwinden Millionen Kinder und niemand weiß wohin – als seien sie vom Erdboden verschwunden!

Dann die Impfungen – Babys werden mit Stoffen vollgepumpt, die sich auf diese verletzlichen und schutzbedürftigen Wesen nur nachteilig auswirken können. Kindesmissbrauch ist für mich so ein großes Thema, auf das unbedingt hingewiesen werden muss, damit die Menschen aufwachen können.

Ich habe gelesen, dass viele Kinder rituell (Schwarze Messen!) missbraucht werden und dass sehr viele Kinder einfach auf andere Planeten als Sklaven deportiert werden – und die Impfungen sollen sie darauf vorbereiten.

Auch Kriege dienen dazu, um so viele Menschen wie möglich einfach verschwinden zu lassen. Das sind dann die Gefallenen und wir stehen vor den Gräbern von bekannten oder unbekannten Soldaten. Ist das wahr, dass viele Kinder rituell geopfert werden oder dass wir Menschen nur eine „Verschub-Masse" für andere Planeten sind?

SANANDA: Es ist, wie du es beschreibst. Das Ausmaß des Missbrauchs ist gewaltig und durch das Offenlegen gehen den Menschen die Lichter auf.

LICHT IN DAS EIGENE HERZ BRINGEN

Doch viele fürchten sich vor der Wahrheit und verschließen sich. Deshalb ist es unverzichtbar, Licht in das eigene Herz, in das durch viele Zeiten gezeichnete und verwundete Herz zu bringen. Du musst deine eigenen Verletzungen aufspüren und ausheilen.

Erst dadurch öffnest du dich für die Wahrheit – für JEDE Wahrheit. Dann kannst du den Tatsachen, die sich jetzt zeigen, angemessen begegnen.

Du erstarrst nicht vor Angst, sondern du verstehst, wie alles zusammenhängt, und du kannst eine natürliche Distanz dazu einnehmen.

Ja, das Aufdecken ist ein bedeutsamer Teil im Bewusstseinswandel, doch es ist ein Teil und bei Weitem nicht alles! Belasse es nicht dabei, sondern setze den Schritt ins Lichte. Lass dich niemals in die Abgründe, die sich auftun, hineinziehen.

Meditiere, steig immer wieder aus und werde selbst vollkommen. Das ist der einzige Weg in die Freiheit – und das hast du selbst in der Hand.

Wisse: Wahre Freiheit ist eine Angelegenheit deines Bewusstseins – und bist du wirklich frei, dann bleibst du unbeeindruckt von äußeren Umständen und niemand kann dich versklaven.

Ich liebe Dich unendlich

SANANDA

Die Gnade ist der Lichtstrahl
Gottes auf deinem Weg,
sind die Flügel Gottes für deinen
Schutz und sind die Hände
Gottes, die dich tragen,
wenn du nicht weiterkannst.

GOTT

DIE GNADE GOTTES ERLANGEN

GESPRÄCH MIT
GOTT

DER SCHWARZE RANGE ROVER
HEILIGER AUGENBLICK ALLER STERNENVÖLKER
ÖFFNE DICH FÜR EIN HÖHERES VERSTÄNDNIS
WAS IST DIE GNADE GOTTES?
BIST DU GEMEINT?
SCHUTZ GOTTES ALS ASPEKT DER GNADE GOTTES
KRÄFTIGUNG DEINES SELBSTVERTRAUENS
KRÄFTIGUNG DEINES GOTTVERTRAUENS
WARUM EXISTIERT DIE TRENNUNG VON GOTT?

12. JANUAR 2020

DER SCHWARZE RANGE ROVER

BERICHT: *Was ist eigentlich die Gnade Gottes wirklich? Seit Tagen beschäftigt mich diese Frage und immer wieder begegne ich diesem Thema. Ob ich ein Buch aufschlage, im Internet etwas suche oder an einem Aushang einer Kirche vorbeikomme, immer begegne ich dem Wort „Gnade". Heißt in der Gnade Gottes zu sein, ganz unter SEINEM Schutz zu stehen - oder steckt mehr dahinter? Das beschäftigt mich auch, als mein Sohn und ich eines Abends am Nachhauseweg sind. Dabei überqueren wir unsere Wohnstraße und als wir gerade mitten auf der Straße sind, biegt ein großer, schwarzer Range Rover um die Kurve. Als er uns sieht, steigt der Fahrer aufs Gas und lenkt den Wagen direkt auf uns zu. Er hat es ganz offensichtlich auf uns abgesehen. Wir jedoch bleiben ganz ruhig und entspannt. Wir fühlen uns wie in eine Wolke eingehüllt und so, als fände das jetzt auf einer ganz anderen Ebene statt.*

Das Auto rast jedenfalls auf uns zu. Mein Sohn und ich erreichen gerade noch rechtzeitig die andere Straßenseite und wir drücken uns an ein parkendes Auto. Der Rover zischt in Tuchfühlung zu meiner Winterjacke an uns vorbei. Interessant ist dann, dass das Auto unmittelbar danach viel langsamer wird. Mir scheint es, als ob der Fahrer prüft, ob es ihm gelungen sei, uns einzuschüchtern.

Mein Sohn und ich sprachen nur kurz darüber und ließen es auf sich bewenden. Zu Hause angekommen, dachten weder mein Sohn noch ich daran, dies zu erzählen. Wir hatten es, was für so einen Vorfall eher ungewöhnlich ist, vergessen – es beschäftigte uns nicht mehr.

Die Tage danach lief diese Situation aber immer wieder vor meinem geistigen Auge ab. Welcher Schutz war hier wirksam, war es die Gnade Gottes? Ist das auch das Wirken der Gnade und gehört diese Situation zum Thema der jetzt folgenden Botschaft, damit sich alle Menschen daran aufrichten können?
(BERICHT ENDE)

GOTT: Geliebte Menschen, meine Kinder, meine heiligen Seelen aus dem Licht, ihr alle findet mich wieder und ihr alle kehrt zu mir zurück!

HEILIGER AUGENBLICK ALLER STERNENVÖLKER

Heute befinden wir uns im großen Zeitenwandel. Strukturen der dreidimensionalen Welt lösen sich auf, gehen in die vierte Dimension über und werden von dort aus in die fünfte Dimension angehoben.

Eure Ankunft im Lichte steht an und sie steht bevor, denn immer mehr Menschen sehen, hören und fühlen, dass die Stunde ihrer Verwandlung gekommen ist und dass die Tage auf dieser Welt gezählt sind.

Dieser Übergang eines Sternes in die neue Energiedichte ist ein heiliger Augenblick für alle Sternenvölker dieser Galaxie – und so wird dieses Ereignis von euren Geschwistern aus unterschiedlichen Reichen begleitet, gefördert und unterstützt.

Diese Aufgabe bewältigt ihr nicht alleine, wenngleich es dabei vor allem auf euch ankommt. Aufgrund eurer Menschlichkeit, des „Mensch-Seins", fällt euch die Hauptrolle in diesem kosmischen Spiel zu.

Die neuen Strukturen, die das Zusammenleben aller Menschen auf eine lichte und gemeinschaftliche Ebene heben sollen, werden jetzt erschaffen.

Es ist die Zeit, in der sich:
A) alles im Umbruch befindet und
B) alle alten Lebensmodelle nicht mehr funktionieren.

An dieser Dynamik kannst du ablesen, dass sich wirklich etwas verändert. Vor allem dann, wenn du müde wirst oder wenn du aufgrund der vielen dunklen Auswüchse dieser Zeit deine Hoffnung verlierst. Vor allem dann ist es wichtig, dass du orientiert bleibst.

Was jetzt stattfindet, sind der Umbau und die Verwandlung eines ganzen Sternes und der darauf befindlichen Populationen aus der Menschheitsfamilie, aus dem Tierreich und aus der Pflanzenwelt.

Dieses Ereignis erfordert von dir den nötigen Weitblick und das nötige Bewusstsein.

Bedeutsam ist, die Zeit nicht als Korsett zu empfinden und dich als Diener – und nicht als Sklave – dieser Menschheit zu verstehen. Auch wenn dir diese Realität etwas völlig anderes suggeriert: Unfrei bist du nur im Kopf!

ÖFFNE DICH FÜR EIN HÖHERES VERSTÄNDNIS

Diese Begrenzungen deines Bewusstseins gilt es jetzt aufzulösen. Sprenge diese Ketten, indem du dich durch Meditation und Hingabe ganz auf Gott, der ich bin, einlässt.

Weite dein Bewusstsein, indem du dich ganz bewusst als Teil von mir wahrnimmst und indem du jeden Gedanken, jede Empfindung und jede Handlung mir weihst. Das öffnet dich für ein höheres Verständnis aller Dinge und es bringt dich der Erleuchtung näher und näher.

Es geht darum, dass deine Wahrnehmung immer feiner wird, dass du nicht mehr auf große Ereignisse schielst, sondern in den vielen kleinen Umbrüchen das Große wahrnehmen kannst. Dann gibt es keine Ungeduld oder Hoffnungslosigkeit mehr, da du mehr wahrnimmst, als deine Augen sehen können.

Diesen Status erreichst du durch aufrichtige Bewusstseinsarbeit, durch spirituelle Reflexion und durch die Heilungen an Geist, Seele und Körper.

Je vollständiger diese Heilungen sind, desto klarer wird deine Wahrnehmung und umso näher bist du mir. Dann erwacht deine Sehnsucht nach Gott – und dann ist alles erreicht: Die Gnade Gottes beginnt sich dir in deinem alltäglichen Leben zu offenbaren!

Das von Jahn eingangs geschilderte Erlebnis zeigt eine Wirkungsweise von göttlicher Intervention. Der Schutz Gottes ist ein Teilaspekt von Gnade. Doch das ist bei Weitem nicht alles. Denn die Gnade Gottes ist überall dort wirksam, wo ein Mensch dafür empfänglich ist – und empfänglich ist der, dessen Herz von Blockaden befreit ist und dessen Seele sich folglich zu Gott, der ich bin, aufschwingen kann.

WAS IST DIE GNADE GOTTES?

Die Gnade Gottes ist das direkte Wirken Gottes in deinem Leben. Auf jede erdenkliche und unerdenkliche Weise wird dem Menschen, der sich ganz auf mich einlässt, die Gnade gewährt. In der Gnade Gottes zu leben, heißt, mit Gott zu leben und direkt von Gott angeleitet zu werden.

Die Gnade ist der Lichtstrahl Gottes auf deinem Weg, sind die Flügel Gottes für deinen Schutz und sind die Hände Gottes, die dich tragen, wenn du nicht weiterkannst.

In der Gnade Gottes zu leben, heißt, mit Gott zu leben! Du wirst beim Verrichten deiner Aufträge gefördert und du erhältst alles, was du dafür benötigst: Innere und äußere Wachstumsschritte werden möglich und obliegen dem Wirken Gottes.

Je offener du für das Göttliche bist, desto näher kommst du dieser Wirklichkeit. Denn obwohl ich allgegenwärtig bin, bestimmst allein du selbst, wie nahe ich dir kommen darf. Dein freier Wille navigiert dich durch dein Leben bis zu dem Punkt, an dem du dich ganz Gott hingibst.

Dann werden dein Wille und mein Wille eins. Dann übergibst du alles mir und du sorgst dich nicht!

Doch viele von euch sind voller Sorge und sie vertrauen weder sich selbst noch Gott.

So bin ich heute bei dir, um dein Selbstvertrauen und Gottvertrauen zu stärken. Ich bin bei dir, damit du im Feuer der Transformation veredelt wirst. Denn diese Zeit verlangt dir viel ab und so wird dir auch viel gegeben. Heute wirst du in deiner Liebesfähigkeit gestärkt und es wird entfernt, was dich vom lichten Tun und Sein abbringt. Störfelder, die die Verbindung zu mir erschweren, werden entstört und Blockaden werden beseitigt.

Diese spirituelle Arbeit erfordert deine entschlossene Mitarbeit.

Es sind dein Wunsch, dein Verlangen und deine Sehnsucht, die alles ermöglichen! Willst du wirklich das Königreich in dir betreten, dann weiche vor keiner Anstrengung zurück und scheue keine Arbeit.

Erkenntnis wird zuerst durch Anstrengung und dann durch Hingabe erreicht – und wer sich mir ganz hingegeben hat, wandelt leichten Herzens auf der Erde: Seine Nähe zu Gott ist vollkommen.

Diese Basis gilt es zu erschaffen – und eine durch viele Leben und Erfahrungen gereifte Seele hat die Voraussetzungen dafür.

BIST DU GEMEINT?

Ist die Rede von dir, geliebter Mensch, der du dieser Übertragung folgst?

Die Rede ist von dir, wenn du immer wieder von einer tiefen Sehnsucht nach Gott erfasst wirst. Die Rede ist von dir, wenn die Tränen der Sehnsucht nicht mehr trocknen. Die Rede ist von dir, wenn dein Herz vor Gottesliebe überquillt.

Dann nimmt alles seinen natürlichen Weg. Anstrengungen werden dann nicht als solche wahrgenommen und es endet die Einteilung deines Lebens in gute oder schlechte Tage. Es ist, wie es ist, und du tust, was du - aus einem innerem Bestreben heraus - tun musst. Gott ist in deinem Leben und du erkennst SEIN Wirken.

Sobald du dich ganz in den Dienst deiner Aufträge stellst, endet die Sklaverei und sobald du dich Gott ganz hingibst, beginnt die Freiheit. Dann schickt Gott Menschen zu dir und ER entsendet Engel in dein Leben.

Die Gnade Gottes ist kein mystisches Konzept für ein paar Auserwählte, sondern beschreibt das konkrete Wirken Gottes im Leben desjenigen, der sich wirklich auf Gott eingelassen hat.

Solch ein Mensch bewertet Geschehnisse anders. Er weiß, was heute gut ist, kann sich morgen als wenig nützlich herausstellen – und was heute ein Drama darstellt, kann sich bald schon als Glück erweisen. Solch ein Mensch überlässt ganz einfach alles Gott! Das ist der Boden, auf dem meine Gnade wirksam wird.

In der Gnade Gottes zu sein, heißt im Lichte Gottes zu stehen – und im Lichte Gottes befindet sich der, der seine göttlichen Aufträge bereit ist zu leben.

JJK: Hat die Gnade Gottes auch mit Schutz, so wie es mein Sohn und ich erlebt haben, zu tun?

SCHUTZ GOTTES ALS ASPEKT DER GNADE GOTTES

GOTT: Der Schutz ist ein Aspekt der Gnade Gottes. Ein jeder Mensch, der die Gnade Gottes auf sich lenkt, bringt auch den Schutz Gottes in sein Leben. Ist Gott erst in deinem Leben, dann ist für alles gesorgt.

Wie oft schon waren Menschen in misslichen Situationen, aus denen sie keinen Ausweg wussten. Doch plötzlich finden sich Türen und Möglichkeiten, bieten sich Gelegenheiten und Wege, die alles aufhellen und die Lebensgeister zurückbringen.

Ich bin allgegenwärtig und es ist an der Zeit, dass du dein Leben mit mir in Verbindung bringst.

Kein Mensch, der unter meinem Schutz steht und der seine Aufträge lebt, wird vor seiner Zeit von dieser Erde abberufen.

Die Gnade Gottes wirkt sich auf alle Bereiche deines Lebens aus. Es kann sein, dass zu einem bestimmten Zeitpunkt unangenehme Ereignisse eintreten, um dir weiterführende Erkenntnisse zu ermöglichen. Es sind die Situationen, die du in meiner Gegenwart und mit meinem Lichte meistern sollst!

Durch die Gnade Gottes wird dein inneres Wachstum in dem Moment gefördert, wo du dafür bereit bist. Herausforderungen sind Teil des Weges und manchmal scheint es dir, als habe Gott SEINEN Schutz von dir zurückgezogen.

Ich sage dir: Je weiter ich weg zu sein scheine, desto näher bin ich dir.

Beginnen wir jetzt mit der Bewusstseinsarbeit in der Gnade Gottes, der ich bin, indem wir dein Selbstvertrauen stärken.

KRÄFTIGUNG DEINES SELBSTVERTRAUENS

Lenke bitte jetzt deine ganze Aufmerksamkeit auf die Kräftigung deines Selbstvertrauens.

Öffne mir dein Herz, mache dich innerlich weit und lass mich eintreten.

Pause…

Selbstvertrauen entsteht, wenn du siehst, dass deine Entscheidungen richtig waren und richtig sind. Je öfter du das erlebst, desto größer ist dein Selbstvertrauen.

Für den spirituellen Pfad bedeutet das, intuitiv und konsequent den Weg deiner Seele und des Herzens zu gehen. Du weißt ganz genau, was richtig ist, was gut ist und was zum Wohle aller Schöpfung ist. Handelst du danach, so handelst du im Sinne des Ganzen.

Ein wahrhaftiges Leben im Lichte Gottes ist die Folge und meine Gnade wird wirksam. Das führt immer zu beglückenden Resultaten.

Pause…

Öffne deine Seele, erfülle dein Herz mit der Sehnsucht nach einem wahrhaftigen Leben im Lichte Gottes.

Jede einzelne zukünftige Entscheidung, die du auf dieser Basis triffst, wird dein Selbstvertrauen stärken. Sei bereit für diesen Quantensprung in deinem Leben und lass es geschehen.

JA, ICH WILL!

KRÄFTIGUNG DEINES GOTTVERTRAUENS

Lenke bitte jetzt deine ganze Aufmerksamkeit auf die Kräftigung deines Gottvertrauens.

Öffne mir dein Herz, mache dich innerlich weit und lass mich eintreten.

Pause …

Gottvertrauen entsteht, sobald du bereit bist, alles Gott zu überlassen, ohne dabei selbst untätig zu sein. Sobald du sagst: „Nicht ich tue, sondern ER tut!", hast du diese Ebene erreicht. Wer Gott vertraut, bewertet keine Geschehnisse.

„Gut" oder „schlecht" gibt es für dich nicht, sondern nur das Bewusstsein, dass alles zum höchsten Wohle des Ganzen und des eigenen Lebens geschieht.

Wer Gott vertrauen möchte, muss zuerst den kurzsichtigen Verstand zähmen und von Bewertungen ablassen.

Willst du das erreichen, dann öffne deine Seele jetzt für das Licht Gottes, der ich bin.

Pause …

Öffne deine Seele, erfülle dein Herz mit der Sehnsucht nach einem wahrhaftigen Leben im Lichte Gottes – und es wird geschehen …

(Bitte zuerst die hier unten stehende Affirmation lesen und dann entscheiden, da dies eine sehr mächtige Affirmation ist. Ihr Leben könnte sich radikal umstellen. Anm. JJK)

ICH, (nenne hier deinen Namen),
BEGEBE MICH VOLLKOMMEN
IN DIE HÄNDE GOTTES.
GOTT VATER, GOTT MUTTER, SCHÖPFER ALLEN
LEBENS, ICH NEHME ALLES, WAS DURCH DEINE
GNADE IN MEIN LEBEN TRITT, DANKBAR AN.
ES IST MEIN FREIER WILLE,
MICH IN DIR AUFZULÖSEN.
SUREIJA OM ISTHAR OM

Pause …

Alles Leben und die Menschheit befinden sich in meiner Obhut. Allein die Wahrnehmung einzelner Geschöpfe erschafft zu dieser Tatsache eine Nähe oder Distanz.

Nichts geschieht ohne mich, alles ist durchdrungen von mir. Ich bin allem Sein der innewohnende Geist, das innewohnende Prinzip – ich bin ALLES und NICHTS und das NICHTS ist ALLES, das ich bin.

Im alltäglichen Leben begegne ich dir überall. Du findest mich in jedem Geschöpf. Alles trägt Göttlichkeit in sich und jedes Ereignis dient dafür, dass du dir dieser Tatsache immer bewusster wirst.

Es gibt keine Trennung von Gott! Niemand ist getrennt von mir – und doch erfahren viele Menschen genau das! Wie ist das möglich?

WARUM EXISTIERT DIE TRENNUNG VON GOTT?

Durch eine bewusste Entscheidung, nämlich, indem eine Wesenheit das Vergessen und ein Leben in der Abgeschiedenheit von Gott wählt. Das sind bewusste Entscheidungen, die alle Menschen am Ausgangspunkt zu dieser Erde getroffen haben. Als lichter Engel, der du bist, wusstest du genau, worauf du dich, sobald du in die dichte Energie der dritten Dimension einsteigst, einlässt.

Du wusstest um die Potenziale und um die Gefahren – und genau das hat dich an diesem Spiel so fasziniert, eine Faszination, die jetzt bei immer mehr Menschen erlischt. Ihr wollt kein Akteur im sich ständig wiederholenden Zyklus von Krieg und Frieden, von flüchtigem Glück oder Unglück mehr sein. Ihr beginnt euch zu erinnern, wer ihr wart und wer ist seid – ihr erwacht!

Freut euch, denn die Tage in der Finsternis sind auf der Erde gezählt und in deinem Herzen vorbei!

Immer mehr Menschen legen den Panzer, der ihr Herz umgab, ab, sie brechen innerlich auf und sehnen sich nach dem Licht und der Liebe Gottes. Dadurch leisten sie einen einzigartigen Beitrag zum Bewusstseinssprung auf diesem Stern.

Die heutige Bewusstseinsarbeit hat dein Selbstbewusstsein gestärkt und dich mir nähergebracht.

Pflege diese neue energetische Basis, indem du das Wunder des Lebens und die Wunder in deinem Leben bewusst wahrnimmst.

Du bist einzigartig und dein Leben ist einmalig.
Lebe es und überlasse alles Weitere mir.

GOTT

Frieden auf Erden kann nur herrschen, wenn der einzelne Mensch im Frieden ist und im Frieden bleibt. Das heißt deshalb nicht, alles geschehen und euch alles gefallen zu lassen.

GOTT

WAS IST DAS WICHTIGSTE IN DEINEM LEBEN?

GESPRÄCH MIT

GOTT

„VERMAUERT IST DEM STERBLICHEN DIE ZUKUNFT“

KÖNNEN A-SPIRITUELLE MENSCHEN DEN HIMMEL ERREICHEN?

DAS WICHTIGSTE!

WIE DER TODESÄNGSTE HERR WERDEN?

WERDEN DIE MENSCHEN WIRKLICH ERWACHEN?

ZEIGE DEIN LICHT

UNERTRÄGLICHES AUSMASS AN KONTROLLE VOR DEM ERWACHEN

15. JANUAR 2020

„VERMAUERT IST DEM STERBLICHEN DIE ZUKUNFT“

JJK: Heute, bei meinem Waldspaziergang, durchfuhr mich eine wundervolle Erkenntnis: „Angst vor dem Tod hat nur der, der sich mit seinem Körper identifiziert!“ Zu Hause angekommen stoße ich in einem Journal auf den folgenden Satz von Friedrich Schiller: *„Vermauert ist dem Sterblichen die Zukunft.“* (Schillers „Die Braut von Messina“)

Wer sich also mit dem Körper identifiziert, der empfindet die körperliche Sterblichkeit als Bedrohung und dem ist die Zukunft als grenzenloses Geistwesen, das er ist, vermauert. Diese Menschen sind, bis sie diese Begrenzung durchbrechen, an das Rad des Karmas gebunden.

GOTT: Je mehr sich ein Mensch mit seinem irdischen Körper identifiziert, desto leichter ist er durch Ängste zu manipulieren. Viele Religionen bauen auf diesem Grundstein ihre Tempel.

Wer beim Ablegen seiner vergänglichen Körperhülle vom eigenen Tod spricht, der entwickelt automatisch auch Ängste. Gleich ergeht es jenen, die an ein Leben nach dem Tod glauben, deren Leben aber von Handlungen gegen das eigene Gewissen begleitet war.

Beide Gruppen von Menschen können die Brücke in die Unendlichkeit nicht überqueren. Dafür ist Bewusstsein vonnöten und die Bereitschaft ein Leben auf der Basis des Gewissens zu gestalten.

KÖNNEN A-SPIRITUELLE MENSCHEN DEN HIMMEL ERREICHEN?

JJK: Was aber geschieht mit jemandem, der nichts von Spiritualität hält, der glaubt, mit dem Körper stirbt auch er, der aber ansonsten ein gutes und lichtvolles Leben geführt hat? Ich kenne viele solche Menschen und die liegen mir sehr am Herzen.

GOTT: Ein Mensch, dessen inneres Licht hell leuchtet, erkennt in dem Moment, in dem er einen Körper verlässt, seine Fehlannahme. Engel des Lichts erwarten jeden dieser Menschen und augenblicklich setzen die notwendigen Erkenntnisprozesse ein. Wofür er als Mensch nicht bereit war, ist jetzt das Natürlichste.

JJK: Das heißt, es ist wichtiger, ein lichtvolles Leben in Achtsamkeit zu führen, als sich als „spirituell" zu bezeichnen, womöglich an ein Leben vor und nach dem Tod zu glauben, ansonsten aber eher unreflektiert zu sein?

DAS WICHTIGSTE!

GOTT: ***Das Wichtigste einer menschlichen Inkarnation ist, die Erfahrungen, welche einen Menschen auf die Erde geführt haben, zu machen, sie vollends auszuschöpfen – dunkel oder licht – das unterliegt keiner Bewertung Gottes oder einem Urteil Gottes.***

Erkenntnisse wie die, dass die Identifikation mit dem Körper Todesängste hervorbringt, müssen reifen und sie werden nicht durch theoretisches Wissen erlangt.
Ein jeder Mensch wird zu der für ihn optimalen Stunde die Stufen der Erkenntnis empor geführt.

JJK: Kannst du jenen Menschen – die sich zwar als Geistwesen wahrnehmen, ansonsten aber dennoch Angst vor dem Tod haben, da ihre Identifikation mit dem Körper zu groß ist – eine Empfehlung geben, wie sie da rauskommen? Todesängste sind einfach sehr weitverbreitet – auch unter den Lichtkriegern.

WIE DER TODESÄNGSTE HERR WERDEN?

GOTT: Die Übung ist, sich der Vergänglichkeit des Körpers genauso bewusst zu sein wie der Unvergänglichkeit deines Geistes.

Diese Angelegenheit entspannt sich, sobald der einzelne Mensch in diese Themen einsteigt und sich wirklich damit auseinandersetzt. Der Tod wird gerne verdrängt und so können sehr leicht unbegründete Ängste entstehen, wenn er dir begegnet – und der Tod, das Sterben begegnen dir überall – Tag für Tag.

Das heißt, wenn du diese Ängste verlieren willst, dann ist eine Beschäftigung damit notwendig. Die Gründe dafür müssen sich dir offenbaren. Eingestandene oder uneingestandene Todesängste bilden eine große Blockade und sie halten einen Menschen davon ab, seine Aufträge mutig und konsequent umzusetzen.

JJK: Das heißt, über das Sterben zu meditieren – oder sich Videos anzusehen von Menschen, die schon fast tot waren, aber zurückgekehrt sind.

GOTT: ***Es gibt viele Wege, die zum Wachstum führen, das Einzige, was unwirksam ist, ist das Verdrängen.***

WERDEN DIE MENSCHEN WIRKLICH ERWACHEN?

JJK: Was mich noch beschäftigt, ist die Frage: „Werden die Menschen wirklich erwachen?" Einerseits sehe ich, dass jene Lichtkrieger, die seit Jahren Aufklärungsarbeit

leisten, nicht gewillt sind, sich auf blutige Schlachten, sprich Revolutionen, einzulassen, und andererseits sehe ich, dass das herrschende System der 3D-Matrix nun aus allen Rohren schießt, um sich den Machterhalt zu sichern. Wenn wir nichts tun, passiert nichts!
Oder wird sich der finale Umbau anders ereignen?

GOTT: Ihr tut gut daran, euch niemals in die dunklen Energien hineinziehen zu lassen.

Frieden auf Erden kann nur herrschen, wenn der einzelne Mensch im Frieden ist und im Frieden bleibt. Das heißt deshalb nicht, alles geschehen und euch alles gefallen zu lassen.

Was auch nicht der Fall ist: Die Lichtkrieger der ersten Stunde wissen genau, dass herkömmliche Revolutionen, wie es sie in den unterschiedlichen Epochen immer wieder gab, kein Fundament für die Zukunft bilden und zu keinem wirklichen Resultat führen. Deshalb ist diese Zurückhaltung sehr klug. Was heute geschieht, ist, dass ihr, während der Umbruch geschieht, den Boden für den Umbruch aufbereitet. Das wirkt sich auf das Heute und auf Zukünftiges aus.

Es gibt zu viele Erweckte und Erwachte, als dass der Prozess der Transformation der Menschheit an diesem Punkt noch scheitern könnte.

Es ist klug, in aller Ruhe, im Frieden und in der Stille alles zu tun, was dem System die Energie entzieht.

Der größte Effekt wird erzielt, indem der einzelne Mensch die Mechanismen durchschaut und sich ganz bewusst vor den Manipulationen schützt – ein Schutz, der jedem Menschen in dem Augenblick, in dem er sich mit der Quelle verbindet, gegeben ist. Auf diese Rückverbindung zu Gott, der ich bin, kommt es heute an!

Deshalb greift dieses System mit Technik in das natürliche Schwingungsfeld der Menschen ein, bis es blockiert ist und der Mensch die Verbindung zu Gott verliert.

JJK: „Zeigt euer Gesicht" oder „stell dein Licht nicht unter den Scheffel!" heißt es oft – und Revolutionen sind ja abgesagt! Wie ist das dann gemeint?

ZEIGE DEIN LICHT

GOTT: „Zeige dein Licht", heißt, dass du für das – was du denkst, fühlst, wahrnimmst und tust – einstehst, sich zu verstecken oder sein Licht zu verbergen, ist etwas ganz anderes. Worum es geht, ist, dass du in aller Stille konsequent an dir selbst weiterarbeitest. Das kann nicht unbemerkt bleiben, denn du verwandelst dich!

Zuerst entziehst du dem System die Energie, die es zum Überleben dringend benötigt, und in der Folge wirst du für deine Mitmenschen immer sichtbarer. Sich innerlich zu entziehen, heißt, sichtbar zu werden – kein Erleuchteter kann sein Licht verbergen. Das gilt auch für dich, der du auf dem Weg zur Erleuchtung wandelst.

„Das Gesicht zu zeigen", heißt nicht, auf die Straße zu gehen und vom Taumel einer unbewussten Masse aufgesogen zu werden, sondern heißt, sich seiner eigenen Kraft und Macht in jedem Augenblick bewusst zu sein.

JJK: Wer sich also bewusst für das Göttliche öffnet, wer den Mut hat, bestimmte Dinge – vor allem bei sich selbst – zu hinterfragen, wird einerseits geschützt sein und andererseits Antworten erhalten.

GOTT: ***Was vom einzelnen Menschen kommen muss, damit er behütet und begleitet werden kann, ist: der aufrichtige Wunsch nach Wahrheit und Erkenntnis. Dann ist alles gegeben – dann verfehlt niemand sein Ziel.***

Die schweren Beeinträchtigungen der Menschen werden in der nächsten Phase des Aufstiegs weiter zunehmen, bis der Punkt erreicht ist, an dem selbst jene Menschen, die heute noch tief schlafen, aufwachen.

UNERTRÄGLICHES AUSMASS AN KONTROLLE VOR DEM ERWACHEN

Wenn ein unerträgliches Ausmaß an Kontrolle und Kollektivierung erreicht ist, werden sich selbst jene Menschen, die heute Teil des Systems sind, davon abwenden und aufbegehren. Vereint mit den Lichtkriegern der ersten Stunde wird der Umbruch dann in einer unvorstellbaren Geschwindigkeit erfolgen.

JJK: Das heißt, den Umbruch werden die Menschenmassen bewirken, die heute noch schlafen, und die Menschen, die bereits seit Jahren aufklären, werden dann die Unterstützer sein.

GOTT: Der Umbau der Welt und die Umgestaltung des menschlichen Zusammenlebens finden jetzt statt. Dabei wird der Umbruch auf der äußeren Ebene durch die inneren Prozesse, denen einzelne Menschen ausgesetzt sind, bewirkt. Es sind keine Menschenmassen, sondern viele einzelne Menschen, die nicht mehr zu manipulieren sind. Diese werden sich versammeln und das Ende herbeiführen.

Heute befinden wir uns in der Phase, in der die Zumutungen und Übergriffe ein Maß erreichen, das von niemandem mehr wirklich akzeptiert wird.

Auf diese Weise wird die kritische Masse, die für das Kippen des Systems notwendig ist, erreicht.

Durch die Angst, ihre Macht und ihr Bleiberecht auf dieser Erde einzubüßen, verlieren die dunklen Kräfte auch das Gefühl dafür, was den Menschen in spezifischen Zeiträumen zumutbar ist. Die Dosis von Unwahrheiten und die missbräuchliche Anwendung von Macht werden auf eine Weise erhöht, sodass dies selbst für große Ignoranten nicht unbemerkt bleiben kann.

JJK: Das heißt, es wird noch mal heftiger, ehe es besser wird?

GOTT: BESSER WIRD es in dem Augenblick, in dem du als Einzelner dein spirituelles Wachstum förderst, das Himmelreich liegt in dir – woanders ist es nicht zu finden. BESSER IST es, sobald du das für dich so entscheidest und geeignete Maßnahmen für deine Bewusstseinserweiterung setzt.

Während du lebst, zieht das, was die meisten Menschen Leben nennen, an dir vorüber.
Ich segne DICH mit meiner Liebe.
Ich bin der Anker aller Menschen durch diese Zeit.

GOTT

Wer darauf wartet, dass sich der Himmel öffnet, versäumt das Leben – sein Leben.

JESUS CHRISTUS

HAST DU DAS GEFÜHL, AUF DER STELLE ZU TRETEN?

GESPRÄCH MIT
JESUS CHRISTUS

WAS, WENN ÄNGSTE UND PROBLEME BLEIBEN?
UNGEDULD MINDERT DEINE ENERGIE FÜR DAS WESENTLICHE
OHNE „TRICKS“ ZUR GOTTESERKENNTNIS

16. JANUAR 2020

WAS, WENN ÄNGSTE UND PROBLEME BLEIBEN?

JJK: Beim heutigen Spaziergang durch den Wald sinnierte ich weiter über meine gestrige Erkenntnis, dass „nur der Angst vor dem Tod hat, der sich mit seinem Körper identifiziert". Ich überlegte, denn obwohl ich diesen Satz ganz sicher schon wo gelesen oder gehört hatte, durchströmte mich die gestrige Erkenntnis so, als hätte ich sie erfunden, als hätte ich sie niemals zuvor gehört. Das heißt für mich, es ist etwas ganz anderes, etwas mental zu erfassen, es verstandesmäßig zu verstehen, als es innerlich zu spüren, es zu begreifen. Ist das der Grund, warum so viele Menschen das Gefühl haben, auf der Stelle zu treten. Sie lesen Bücher, meditieren, gehen zu Gurus oder zu den Lichtlesungen, aber wenn es dann darauf ankommt, bleiben die Probleme und Ängste.

JESUS CHRISTUS: Ich bin bei dir, geliebter Mensch, der du diesen Worten aus dem Licht lauschst. Tiefe innere Erkenntnis und inneres Wissen – das unverrückbar bleibt, da es von deinem ganzen Wesen spürbar erfasst wird – stehen am Ende der Transformationsarbeit. Viele Menschen glauben, bestimmte Situationen gemeistert zu haben, nur da sie sie verstehen und die Ursachen mit dem Verstand erfassen können. Das ist der erste Schritt zur Heilung, doch noch nicht die vollständige Heilung.

Auf dem Weg dahin gilt es viele innere Hürden zu überwinden und gilt es Blockaden zu lösen. Das bedeutet vor allem, auf feinstofflicher Ebene gesund und heil zu werden. Bücher, die Meditation oder Meister können dir Hinweise geben, doch die tiefe innere Erkenntnis ereignet sich, wenn du dafür wirklich bereit bist.

Menschen, die viel Wissen angesammelt haben, deren Energiekörper aber noch mit sehr vielen Überlagerungen, mit Fremdenergien und mit fremden Seelenaspekten besetzt sind, können zu diesem tiefen inneren Gefühl des Wissens nicht durchdringen. Sie können nicht unterscheiden, was gehört zu mir und was gehört einem anderen. In einem Durcheinander von inneren Stimmen und Stimmungen sind solche Offenbarungen unmöglich.

Das heißt, die Klärung der eigenen Themen und Angelegenheiten ist also die Basis für eine solche unmittelbare Wahrnehmung.

JJK: Mir geht es oft genauso wie vielen Menschen. Ich verstehe die Dinge, doch ich kann sie nicht immer umsetzen. Das heißt, die Zeit dazwischen gilt es mit Transformationsarbeit zu nutzen, anstatt sich in Ungeduld zu üben?

UNGEDULD MINDERT DEINE ENERGIE FÜR DAS WESENTLICHE

JESUS CHRISTUS: Ungeduld ist ein kindlicher Aspekt. Erwachsene Menschen sollten davon befreit sein oder sich davon befreien, wenn sich diese in den Gedanken und Empfindungen eingenistet hat. Alles wird dir zur rechten Zeit gegeben und übermittelt. Deine Aufgabe ist es, dafür die Voraussetzungen zu erschaffen und für das Göttliche empfänglich zu werden.

JJK: Wie löst man sich von der Ungeduld? Denn auch diese ist weitverbreitet – auch unter den erwachsenen Menschen.

JESUS CHRISTUS: Worauf wartest du und warum wartest du, anstatt im Hier und Jetzt zu leben? Stelle dir diese Frage. Mit dieser Frage ist immer die Neigung verbunden, Gegenwärtiges unbeachtet zu lassen, Schritte zu überspringen oder Entwicklungen zu meiden.

Wer darauf wartet, dass sich der Himmel öffnet, versäumt das Leben – sein Leben.

Die Ungeduld erzeugt Unruhe und mindert deine Energie für das Wesentliche, für das, was du jetzt bewirken kannst.

Der Blick in die Zukunft soll ein Augenblick sein und darf niemals zu einer ausschweifenden Sehnsucht werden. Das lenkt dich vom Jetzt ab und Entwicklungsschritte bleiben aus.

Frage dich, was ist in dir unerledigt, dass du so gerne in die Zukunft blickst oder voller Ungeduld auf dieses oder jenes wartest? Das Jetzt braucht deine ganze Energie. Bist du aufmerksam in der Gegenwart, erschaffst du dir die gewünschte Zukunft.

JJK: Nun habe ich also keine Angst mehr vor meinem Tod. Doch ein Gefühl von „gespannter Erwartung" bleibt. Ist das „normal"?

JESUS CHRISTUS: Was ein Mensch nicht kennt, das erzeugt dieses Gefühl. Es ist eine natürliche Reaktion auf das Unbekannte. Du erinnerst dich nicht mehr an die vielen Tode, die du - wie ein jeder Mensch - schon gestorben bist. Deshalb ist das derart.

OHNE „TRICKS" ZUR GOTTESERKENNTNIS

Leichter ist es für jene Menschen, die ihren Körper bewusst verlassen können. Diese leben, wenn sie ihr eigenes Licht sehen und keine Resonanz zu dunklen, ätherischen Welten aufbauen, ohne Furcht.

Aus dem Körper auszusteigen, heißt, in die feinstoffliche Welt einzutreten. Darauf gilt vorbereitet zu sein – und damit zu spielen, ist wenig ratsam.

JJK: Ich denke mir, dass ich das ja üben könnte, den Körper zu verlassen. Doch irgendetwas hält mich immer zurück davor, gewisse „Tricks" einzustudieren. Darauf kommt es für mich bei der Transformationsarbeit einfach nicht an. Was nützt es, wenn ich Blei in Gold verwandeln kann, die Liebe zu Gott und den Menschen aber ausbleibt? Bestimmte Fähigkeiten sind am Pfad zur Gotteserkenntnis oft mehr Hindernis als Hilfe!

JESUS CHRISTUS: Ein jeder Mensch tut gut daran, nichts zu forcieren. Ein jeder Mensch erhält zu gegebener Zeit alle Werkzeuge, die er für sein spirituelles Wachstum benötigt.

Inneres Wachstum geschieht in dir – zunächst in aller Stille – dann sichtbar für die Mitmenschen. Spezifische Fähigkeiten werden dir übermittelt, wenn du sie für deinen Weg und für deine Aufträge benötigst. Sie sind kein Selbstzweck, sondern sollen dir bei deinen Aufgaben behilflich sein.

Alles gelangt zu dem, der sein Leben lebt und gelassen erwarten kann, was Gott an den unterschiedlichen Wegmarkierungen für ihn bereithält.

Trachtet immer danach, innerlich vollkommen zu werden – vollkommen und nicht perfekt! Niemand und nichts im Universum ist perfekt – jedoch alles, was existiert, ist in sich vollkommen. Wem sich das erschließt, der erlebt das Ende aller Konflikte.

Ich bin der Hüter dieser Menschheit.
Ich bin mitten unter euch.

Ich bin JESUS CHRISTUS

Nachrichtenkanäle sind Maschinen zur Verbreitung von Angst und sie haben die Wirkung, Ängste im Menschen aufrechtzuerhalten oder auszulösen. Jedoch, indem du kontrollierst, was du in dich einlässt oder von dir fernhältst, bleibst du im Frieden und in der Liebe.

GOTT

NACHRICHTENKANÄLE SIND ANGSTMASCHINEN!

GESPRÄCH MIT
GOTT

DEIN UMGANG MIT NACHRICHTEN
SPIELE DEIN SPIEL
UNTERWIRF DICH KEINEN REGELN

19. JANUAR 2020

DEIN UMGANG MIT NACHRICHTEN

Achte darauf, wie du mit Nachrichten umgehst! Nachrichten dienen allein dazu, dich in die Dramen hineinzuziehen und deine Ängste lebendig zu halten.

Wie fühlst du dich nach einer Nachrichtensendung? Gut oder glücklich? „Wie aber an das Wissen, an die Tatsachen gelangen, wenn ich keine Nachrichten höre, lese oder schaue?", fragst du.

Indem du ganz gezielt Formate wählst, die dir vertrauenswürdig erscheinen, und indem du dich nach jedem angsteinflößenden Bericht, der Angst sofort stellst und sie auflöst. Dadurch können sich diese Ängste nicht in dir festsetzen und für Unruhe sorgen.

Wichtig ist, dass du während des täglichen Lebens in deiner inneren Mitte bleibst und dass du dich nicht in den Abgrund ziehen lässt, der sich täglich vor dir auftut.

Je mehr negative Berichte du konsumierst, desto schwerer ist es für dich, in deinem Zentrum, innerlich im Frieden und in der Neutralität zu bleiben. Der Umgang mit Nachrichten aus dem tief schwingenden Äther der 3. Dimension und den unteren Bereichen der 4. Dimension erfordert die Disziplin, dir nur so viel zuzumuten, wie du tragen und transformieren kannst.

JJK: Heißt das, kühl und emotionslos dem Treiben auf der Erde zu folgen?

GOTT: Nein! Das heißt, diesem System durch negative Emotionen, die Ängste in dir auslösen, keine Energie mehr zuzuführen.

Nachrichtenkanäle sind Maschinen zur Verbreitung von Angst und sie haben die Wirkung, Ängste im Menschen aufrechtzuerhalten oder auszulösen. Jedoch, indem du kontrollierst, was du in dich einlässt oder von dir fernhältst, bleibst du im Frieden und in der Liebe.

Je mehr Menschen diese Handlungs- und Bewusstseinsebene erreichen, desto geringer werden die Einflüsse, die diese Matrix auf das menschliche Kollektiv ausübt.

SPIELE DEIN EIGENES SPIEL!

Spiele dein eigenes Spiel, indem du dein eigenes Leben lebst, so, wie es für dich stimmig ist und wie es sich auch für deine Mitwelt stimmig anfühlt.

Wer dich nicht versteht, den beachte nicht!

Verschwende keine Zeit und keine Energie mehr bei Unbelehrbaren und Uneinsichtigen.

Gehe deinen Weg des kosmischen und schöpferischen Menschen: kosmisch, da du aus dem Kosmos zur Erde gekommen bist, und schöpferisch, da es deinem Bewusstsein gegeben ist, die Wirklichkeit zu bestimmen.

JJK: Der Weizen zu sein oder die Spreu?

GOTT: Es ist unbedeutend, was du womöglich sein willst, solange du gelebt wirst und nicht selbst lebst. Solange du in die Welt von Nachrichten eintauchst, bestimmen diese deine Wirklichkeit.

Doch sobald es dir gelingt, eine übergeordnete Perspektive einzunehmen, ist alles gewonnen – und das erfordert Disziplin im Denken und Fühlen. Was macht etwas mit dir und was spielt sich innerlich ab, wenn die nächste Horrormeldung eintrifft?

Sobald du mich im außen anrufst, ist die innere Verbindung zu mir unterbrochen.

Viele Ereignisse auf dieser Erde veranlassen Menschen dazu, nach mir zu rufen, wo ich doch allgegenwärtig im Herzen eines Menschen bin. Verstehst du das, geliebter Mensch?

UNTERWIRF DICH KEINEN REGELN!

Besinne dich! Was dir auf der Erde Leben für Leben geboten wurde, dient dafür, es zu durchschauen – aus einem Spiel auszusteigen, bei dem der Sieger von Anfang an feststeht, ist Klugheit – im Spiel zu bleiben, heißt, nach schmerzvollen Erfahrungen zu verlangen.

Unterwirf dich keinen Regeln, es sei denn, sie sind für die Menschen gemacht und nicht für die Minderheit von Geschöpfen, die die ganze Menschheit drangsalieren und unter ihre Kontrolle bringen wollen.

Dein Ausstieg aus dieser Welt ist leicht und ist allein deine bewusste Willensentscheidung. Ängste haben dann keine Macht mehr über dich und du schöpfst dein Wissen aus der inneren und nicht mehr aus äußeren Quelle.

Die Wahrheit wird jedem Menschen direkt durch das Herz vermittelt, die Lüge aber bedient sich der Nachrichtenkanäle, die für den Missbrauch erschaffen wurden.

Wer bei den stündlich negativen Nachrichten, die weltweit auf die Menschheit niedergehen, bei sich selbst und im Frieden bleibt, der ist wahrlich gesegnet.

Das sind die Kapitäne ihres Lebens – und auf solche Menschen kommt es jetzt an: als ein Fels in der Brandung allen Menschen ein Beispiel für ein selbstbestimmtes Leben zu geben.

Wessen innerer Frieden und wessen innere Mitte durch die Nachrichtenkanäle gestört wird, der tut gut daran, das Maß niedrig, seine Unterscheidungskraft hoch und sein Bewusstsein wach zu halten.

Lass dich nicht länger verwirren oder fremdbestimmen! Gehe deinen eigenen Weg. Bewahre den inneren Frieden bis an das Ende dieser Tage und bis an den Rand der Zeit.

GOTT

Blockaden, die euch vor Unheil
bewahren, sind überlebenswichtig,
Blockaden, die euch vom
Erkenntnisweg abhalten,
sind selbstzerstörerisch.
Diesen Unterschied gilt es
aufzuspüren.

MEISTER ST. GERMAIN

SOLLEN WIR WIRKLICH ALLE BLOCKADEN LÖSEN?

GESPRÄCH MIT

MEISTER ST. GERMAIN

WERTVOLLE BLOCKADEN?
DIE INNERE STIMME WAHRNEHMEN
GEFÜHLE LEBEN UND DIR SELBST VERTRAUEN

29. JANUAR 2020

WERTVOLLE BLOCKADEN

JJK: Blockaden! Ich stelle mir heute die Frage, ob es sinnvoll ist, alle Blockaden aufzulösen? Ich selbst bin manchmal blockiert, etwas zu tun oder wohin zu gehen. Gerade jetzt wollte ich spazieren gehen, doch innerlich war ich blockiert, da ich jetzt für dieses Gespräch offen und bereit sein soll. Zusätzlich dienen mir Blockaden auch als Schutz. Insofern bin ich ein sehr blockierter Mensch, da ich viele Menschen oder Energien gar nicht an mich heranlasse und mich auf bestimmte Dinge und Situationen gar nicht erst einlasse. Meine innere Stimme ist hier sehr präzise. Dafür öffne ich mich aber ganz, wenn mir signalisiert wird, dass es angemessen und notwendig ist.

Diese innere Stimme, die jeder Mensch hat, kann uns vor Fehltritten bewahren und insofern sind Blockaden doch sehr wertvoll. Alle Blockaden zu entfernen, würde für mich heißen, völlig schutzlos dazustehen. Worum geht es wirklich, wenn es aus den Lichtebenen des Seins heißt, wir sollten Blockaden lösen? Sind wirklich alle Blockaden gemeint?

MEISTER ST. GERMAIN: Ich bin bei dir Jahn und ich bin bei dir geliebter Mensch, der du diesem Dialog des Lichts aufmerksam folgst.

In der Tat, Blockaden bewahren dich einerseits vor Unheil und Blockaden können andererseits dein spirituelles Wachstum blockieren.

Es ist sehr bedeutsam, dass du Ereignisse, die sich negativ auf dich auswirken können, blockierst. Negative Gedanken, Worte oder Absichten können einen schutzlosen Menschen in den Wahnsinn treiben. Deshalb ist es von großer Bedeutung, hier mit der Unterscheidungskraft zu arbeiten. Was du an dich heranlässt, das ist entscheidend.

JJK: Viele Menschen jedoch haben genau damit ein Problem. Sie wissen nicht, wann sie auf- und wann sie zumachen sollen.

DIE INNERE STIMME WAHRNEHMEN

MEISTER ST. GERMAIN: Hört auf eure innere Stimme und auf das Gewissen – Gewissen kommt von Wissen, es ist dein inneres Wissen. Je öfter du dich darauf einstimmst und darauf einlässt, desto umsichtiger bist du. Jeder Mensch kann unterscheiden und spürt intuitiv was gut, was richtig, was lichtvoll und was hilfreich ist.

Welche Begegnung Segen und welche Unheil bringen kann – das leuchtet dir ein, sobald du dich wirklich damit befasst, das heißt, dich auf deine Gefühle einzulassen, sie auf deren Wahrheitsgehalt hin zu untersuchen und, wenn nötig, diesen Folge zu leisten. Viele Menschen, die wiederholt Fehlentscheidungen treffen, gehen allein deshalb im Kreis, da sie die Dinge zu wenig aufmerksam untersuchen oder es vermeiden, in die Tiefe zu gehen.

Blockaden, die euch vor Unheil bewahren, sind überlebenswichtig, Blockaden, die euch vom Erkenntnisweg abhalten, sind selbstzerstörerisch. Diesen Unterschied gilt es aufzuspüren.

JJK: Mir gefällt das Wort „Vorsicht“ sehr gut. Darin enthalten ist das „Voraus-schauende“, das „Voraus-sehen“, das heißt, das innere Gespür für diese „Voraus-Sicht“ kann ein jeder Mensch entwickeln.

MEISTER ST. GERMAIN: Ein jeder Mensch hat diese Fähigkeit von Geburt an. Sie wurde nur überlagert und zugeschüttet. Deshalb ist die individuelle Heilungs- und Transformationsarbeit von solch großem Wert. Denn je mehr du innerlich freilegst und frei wirst, desto klarer zeigen sich dir die Zusammenhänge.

Eine zuverlässige Unterscheidungskraft kann nur durch das wiederholte Hinschauen auf die eigenen noch unerlösten Themen entwickelt werden.

Einen anderen Weg gibt es nicht!

JJK: Wenn es also heißt, „LÖSE DEINE BLOCKADEN“, sind nicht alle Blockaden gemeint.

MEISTER ST. GERMAIN: Es geht immer darum, dass du am Ende erkennst, wer du bist und was zu tun du gekommen bist. Was machst du auf dieser Erde, was hat dich hierhergeführt? Das sind die Fragen, die nach einer Antwort verlangen.

Diesen Fragen und Antworten weicht der Mensch so lange aus, bis er die Leben in der 3. und 4. Dimension gelebt hat, bis er alles, was zu erfahren war, erfahren hat.

Darum stellen sich so viele Menschen blind, sind taub und unzugänglich für spirituelles Wissen. Auch ihre innere Stimme, das Gefühl dafür, was gut, was richtig oder was schädlich und falsch für sie ist, können diese Menschen nicht mehr wahrnehmen.

Nur auf der Basis von Unwissen können negative und schmerzvolle Erfahrungen gemacht werden – und genau um diese Erfahrungen geht es vielen Menschen.

Daher kann kein Mensch bekehrt werden, es sei denn, er kehrt selbst und von sich aus um!

Wer sich mit der Frage, welche Blockaden hilfreich und welche hinderlich sind, auseinandersetzt, der ist bereits am Erkenntnisweg und für den ist es ein Leichtes Unterscheidungskraft zu entwickeln.

JJK: Bei meinen eigenen Kindern beobachte ich, dass sie ein sehr ausgeprägtes Gefühl dafür haben, wenn sie etwas nicht wollen, wenn etwas nicht stimmt und wenn sie etwas „blockieren". Da ist es dann oft ein Besuch bei einer Familie oder Freunden, wo sie ganz plötzlich nicht hinwollen. Auch wenn unsere Buben krank sind, was glücklicherweise selten vorkommt, wissen sie meist genau, was ihnen guttut. Sie verweigern zum Beispiel „Heilbehelfe der Pharmaindustrie", greifen aber gerne auf homöopathische Mittel hin. Meine Frau kennt sich dabei sehr gut aus und so sind homöopathische Mittel ein fester Bestandteil unserer Hausapotheke. Die Wirkung ist auch bei mir augenscheinlich und meist frappant. Wer behauptet, Homöopathie sei nutzlos und nur ein Placebo, der hat einfach keine Ahnung und noch niemals gesehen oder selbst erfahren, welche Kräfte diesen Gaben innewohnen.

Ich glaubte das anfänglich auch nicht so ganz, bis ich die eindrucksvollen Reaktionen in meinem nächsten Umfeld und bei meinen eigenen Kindern sah. Bereits als ganz kleine Wesen, als sie noch gar nicht sprechen konnten, reflektierten sie auf Globuli und verweigerten herkömmliche pharmazeutische Heilmittel.

Das zeigt sehr deutlich, dass Kinder mit einem intakten intuitiven Wissen geboren werden – dies nur am Rande – doch es ist für manchen Leser womöglich ein sehr wertvoller Ausflug in die Welt der Heilung.

Kinder hören auf die innere Stimme und nicht darauf, was die Eltern vielleicht wollen oder was allein schulmedizinisch ausgebildete Ärzte empfehlen. Viele Erwachsene aber scheitern daran, diese Fähigkeiten bei ihren Kindern überhaupt wahrzunehmen.

Haben viele Erwachsene verlernt, auf ihre Gefühle, auf ihre Intuition zu achten und Angst davor, STOPP, NEIN oder HALT zu sagen?

GEFÜHLE LEBEN UND DIR SELBST VERTRAUEN

MEISTER ST. GERMAIN: Verlernt, da sie das in ihrer Kindheit nicht durften, und Angst, da sie in ihrer Kindheit von gleichsam unterdrückten Erwachsenen zurechtgewiesen wurden.

Diese negative Erbschaft, bei der die eine Generation die Staffel der nie gelebten Gefühle an die nächste weitergibt, wird jetzt von immer mehr Menschen nicht mehr angetreten.

Insgesamt ist den Menschen die Fähigkeit zur Wahrnehmung der eigenen inneren Stimme abhandengekommen. Das lässt sich ganz leicht beheben, indem du dir selbst wieder vertraust und damit beginnst, dich auf dich selbst zu verlassen.

Jeder Irrtum ist dabei besser als eingelerntes, übernommenes und „richtiges" Handeln. Sei du selbst, auch wenn eine Entscheidung unvollständig ist – und wenn du einen Irrtum begehst, dann ist es dein Irrtum, an dem du wachsen kannst.

Nichts ist in der spirituellen Entfaltung hinderlicher, als nach „vorgestanzten" Mustern vorzugehen.

Dein Leben zu leben, heißt, das Kraftwerk in deinem Inneren, dein Herz zu aktivieren – und mit ein wenig Übung bist du schon sehr bald der Souverän deines Lebens und Schöpfer einer neuen lichtvollen Wirklichkeit.

Ich bleibe bei dir und meine Flamme der Transformation dient dir.

Ich bin MEISTER ST. GERMAIN

Ein wahrer Kanal weiß immer, dass er ein Gefäß Gottes oder der Göttin ist. Ein Kanal weiß, dass nicht er der Handelnde ist, sondern dass Gott durch ihn wirkt und handelt.

ERZENGEL HANIEL

JEDER MENSCH IST EIN „KANAL“

GESPRÄCH MIT
ERZENGEL HANIEL

DAS WIRKEN GOTTES IN UNS
DIE UNTERSCHIEDE ZWISCHEN „KANAL“ UND „KANAL“
WARUM ERHALTEN UNREIFE „HEILER“ GROSSE FÄHIGKEITEN?
DIE EGO-FALLE DER „MEISTER“

16. FEBRUAR 2020

DAS WIRKEN GOTTES IN UNS

JJK: In den letzten Tagen bin ich zur Erkenntnis gelangt, dass eigentlich ja ein jeder Mensch, der in der göttlichen Ordnung und nach den natürlichen Gesetzen der Erde lebt, ein Kanal ist. Manche Menschen meinen womöglich, dass meine Arbeit etwas „Besonderes" sei, da ich ja als Kanal für die geistigen Lichtebenen fungiere und Botschaften übermittelt bekomme. Doch eigentlich ist ja jeder Komponist, jeder Erfinder, jeder Gärtner, Tischler oder Lehrer ein Kanal, so die Arbeit mit Anbindung an das Göttliche verrichtet wird. Ob Wolfgang Amadeus Mozart, ob Nikola Tesla oder ob völlig unbekannte Menschen, die inspiriert ihrem Tagwerk nachgehen – alle Menschen sind potenzielle Kanäle für das Wirken Gottes. Stimmt da so?

ERZENGEL HANIEL: Ich bin bei dir, geliebter Mensch, ich umfange dich mit meinem Lichte. Ich gebe dir Kraft, mache dir Mut und führe dich an deine wirklichen Aufträge heran. Wenn du nicht weiterkannst oder nicht weiterweißt, leuchte ich dir am Weg und stärke dein Herz, bis du wieder Tritt fasst und deinen Pfad zurück zur Quelle, zu Gott und in die Alleinheit fortsetzen kannst. Ich bin bei dir!

Ja, geliebter Jahn, so ist es. Jeder Mensch wird potenziell als Kanal geboren.

Ein Kanal zu sein, heißt, im Sinne des höchsten Ganzen zu handeln und vom Schöpfer, der Göttin allen Lebens, angeleitet zu werden.

Jeder Mensch wird mit dieser Fähigkeit geboren, doch mit den Jahren gerät diese in Vergessenheit. Deshalb führen die meisten Menschen ein durchschnittliches Leben. Manchmal fühlen sie sich eins mit ihrem Tun, dann wiederum erkennen sie, dass sie außerhalb der Einheit stehen und falsch handeln. Es ist ein Hin und Her von Emotionen und Eindrücken, was Chaos und Unsicherheit erzeugt.

Sobald du in das irdische Spiel einsteigst, bist du den Bedingungen, die hier vorherrschen, ausgesetzt – und das Schwierigste ist es, deine Aufträge zu erkennen und sie zu leben. Der Schleier des Vergessens war bisher dicht. Nur wenige Menschen hatten die Kraft und Inspiration, den Mut und das Durchhaltevermögen, sich durch das Dickicht von Meinungen, Glaubenssätzen und Vorstellungen hindurchzuarbeiten, um klar und bewusst zu werden.

Das ändert sich jetzt radikal. Denn die Energie auf diesem Planeten wird immer lichter – und so werden auch die Menschen „durchlichtet“ und bewusster. Heute ist es möglich, in direkter Anbindung an Gott und an die Kräfte der Natur zu leben. Für immer mehr Menschen ist dieser Weg jetzt offen.

Die neuen lichten Energien auf dieser Erde bewirken und ermöglichen das.

DIE UNTERSCHIEDE ZWISCHEN „KANAL" UND „KANAL"

JJK: Ich stelle mir auch die Frage, ob es Unterschiede zwischen Kanal und Kanal gibt? Haben die Menschen, die als Kanal fungieren, alle die gleiche Verantwortung? Ich nehme an, wenn ein Gärtner etwas übersieht, dann wird der Garten womöglich nicht so schön und die Rosen gedeihen nicht so gut. Wenn aber ein Kanal, der direkt mit Menschen arbeitet, etwas Falsches weiterreicht, dann ist da die Lage wohl eine andere - oder?

ERZENGEL HANIEL: Richtig, Jahn! Deshalb ist es für jeden Menschen, der direkt mit Mitmenschen arbeitet und sich als Kanal zur Verfügung stellt oder als solcher fungiert, essenziell, dass er sein Ego kontrollieren kann.

Wer diese Arbeit mit einem falschen Ego verrichtet, richtet sehr viel Schaden an.

Ein wahrer Kanal weiß immer, dass er ein Gefäß Gottes oder der Göttin ist. Ein Kanal weiß, dass nicht er der Handelnde ist, sondern dass Gott durch ihn wirkt und handelt.

Den Dank der Menschen leitet solch ein Kanal immer an Gott weiter.

Niemals wird ein wahrer Kanal die Wunder, die er vollbringt, mit sich selbst in Verbindung bringen.

JJK: Aber genau das ist ja das Problem. Viele „Kanäle" beziehen das, was sie tun, auf sich selbst – oder schlimmer noch, sie missbrauchen die Menschen, die zu ihnen kommen. Auch sexueller Missbrauch ist oft an der Tagesordnung! Was hat das für Folgen, wenn sich diese Menschen auf diese Weise „versündigen"?

ERZENGEL HANIEL: Menschen, die diesen Machtmissbrauch aufgrund ihrer Fähigkeiten begehen, beginnen das nächste Erdenleben auf einer unteren Stufe. Dadurch können sie die Lektionen, die notwendig sind, nachholen und integrieren.

Seid euch bewusst: Je verwirklichter ein Meister ist, desto weniger Aufheben macht er um seine Fähigkeiten.

JJK: Wie können die Menschen erkennen, womit und mit wem sie es zu tun haben? Es ist ja so, dass die Menschen Hilfe suchen, mal da oder dort andocken – und sehr oft aber enttäuscht werden. Ent-täuscht zu werden, ist ja an sich etwas sehr Wertvolles, da man von einer Täuschung befreit wird – doch schmerzlich ist es allemal.

ERZENGEL HANIEL: Diese feine Wahrnehmung muss erworben werden. Nach einer gewissen Zeit und nach sich wiederholenden Irrtümern und Enttäuschungen, wird ein Mensch wacher, bewusster und klarer. Das ist der Punkt!

Kein Engel kann einen Menschen auf einer bestimmten geistigen Stufe davon abhalten, einen ungünstigen Weg zu meiden, das heißt, jeder Erkenntnisprozess ist zunächst mit Erfahrungen am eigenen Leibe und im eigenen Leben verbunden.

Für Menschen, die bereits auf einer höheren Stufe schwingen, ist es leicht, einen wahren Meister von einem falschen Meister zu unterscheiden. Dieser Mensch kann sehr klar reine von unreinen Absichten erkennen und er lässt sich weder durch Zauberei noch durch Wunder blenden oder täuschen. Grundsätzlich gilt:

Wer seine Fähigkeiten auf sich selbst bezieht, anstatt als Werkzeug Gottes zu fungieren, der hat nichts verstanden und der muss nach diesem Leben zurück an den Start.

ER tut, SIE tut, ES tut und wirkt durch mich. Ein wahrer Kanal erkennt in aller Demut, dass er ein Teil vom Ganzen ist und dass er umgeben ist von seinesgleichen.

Dieser Bewusstseinszustand wird erlangt, nachdem die Seele des Menschen gereift ist und die Klärungsarbeit im Inneren weit fortgeschritten ist.

Dieser Klärungsarbeit wollen sich viele, die sich als Meister ausgeben und bei denen große Fähigkeiten aktiviert wurden, nicht bis zum Schluss unterziehen. Das erschafft diese Verwerfungen und Übergriffe.

WARUM ERHALTEN UNREIFE „HEILER" GROSSE FÄHIGKEITEN?

JJK: Warum erhalten dann Menschen diese Fähigkeiten? Es gibt ja Geistheiler und Heiler, die wahre Wunder vollbringen können. Manchmal stellt sich dann leider heraus, dass sie ihre Macht missbraucht haben.

ERZENGEL HANIEL: Ab einer bestimmten Stufe wird der Mensch mit Macht ausgestattet.

Mit Macht verantwortungsvoll umzugehen, ist ein Lernprozess, der sich durch viele Leben fortsetzt und nach und nach gemeistert wird. Ab einem bestimmten Punkt in der Entwicklung wird dem Menschen Macht übertragen und es obliegt immer dem Einzelnen, wie er damit umgeht und was er daraus macht.

JJK: Das heißt, auch eine jüngere Seele kann durchaus erstaunliche Fähigkeiten haben?

ERZENGEL HANIEL: Jüngere Seelen - ja, ganz junge Seelen - nein!

JJK: Mir kommt es bei manchen „Heilern" ja oft so vor, dass sie sich nur noch über ihre Fähigkeiten definieren. Viele haben ein beträchtliches falsches Ego, das sie dann durch den Zuspruch, den sie erhalten, füttern. Dennoch aber können diese „Heiler" einzelnen Menschen helfen. Somit ist das ja gut, was sie machen - oder?

DIE EGO-FALLE DER „MEISTER"

ERZENGEL HANIEL: Ja und nein! Aus der kurzsichtigen Perspektive eines Lebens ist es hilfreich und es befreit einzelne Menschen oft von körperlichen Schmerzen und Leid.

Negativ ist, dass bei egozentrischen Heilern energetisches oder spirituelles Leid entsteht. Solche „Heiler" ernähren sich von den Energien der Menschen, die sie heilen oder beuten sie oftmals emotional oder sexuell aus. Zusätzlich ist es wichtig, mit der Verehrung, die vielen Heilern zuteilwird, weise umgehen zu können.

Auch in diese Ego-Falle tappen sehr viele hoch veranlagte Menschen.

Ein wahrer Meister weiß damit umzugehen! Unreife Kanäle beziehen diese Huldigungen auf sich und nähren damit ihr Ego.

Das hat energetisch zur Folge, dass sich diese „Meister" ab einem bestimmten Moment vom Zuspruch und der Verehrung der Menschen energetisch ernähren und dadurch diesen Menschen Energie absaugen. Jetzt sind diese Menschen also geheilt und werden dennoch auf andere Weise krank.

Zusammengefasst: Unreife „Meister" oder „Heiler" neigen zu Missbrauch auf unterschiedlichen Ebenen.

JJK: Mir fällt ein, dass sexueller Missbrauch weitverbreitet ist.

ERZENGEL HANIEL: Somit ist der Hilfesuchende zwar von seinen körperlichen Leiden befreit worden, doch ein neues seelisches Leiden entsteht.

Dies zu erkennen, obliegt einem jeden Menschen selbst. Wer gewisse Erfahrungen sucht, der wird sie finden und sich erst dann davon abkehren, wenn die Lektion wirklich verinnerlicht ist. Verstehe:

Jede Erfahrung bringt dich am Ende weiter. Auch wenn du Umwege gehst, auch wenn du Fehltritte machst, am Ende stärkt dich das und bringt dich Gott und der Göttin näher.

JJK: Also ist alles gut, so wie es ist.

ERZENGEL HANIEL: Es ist alles gut, so wie es ist, für den, dem Umwege oder Irrtümer noch dienen. Für diese Menschen gibt es genauso einen Weg zurück zur Quelle wie für alle Menschen, die diesen direkt und ohne Umwege gehen.

Die Gnade Gottes unterscheidet nicht zwischen würdig und unwürdig – und doch ist es erforderlich, sich dieser als würdig zu erweisen.

Mit dieser Botschaft segne ich dich.

Ich bin bei dir, wenn du nicht weiterkannst, ich bin bei dir, wenn du nicht weiterweißt, ich bin bei dir, wenn du nach einer sicheren Spur für deine Heilung suchst.

Ich bin
ERZENGEL HANIEL

Großes Glück oder großes Leid
wohnen oft Tür an Tür.
Jeder Mensch wird auf eine Weise,
die ihn zur Umkehr verleitet,
zur Umkehr bewegt.

BABAJI

IST SELBSTMORD EINE LÖSUNG?

GESPRÄCH MIT
BABAJI

JEDES MENSCHENLEBEN ERFÜLLT EINEN SINN!
GEHT ES NICHT AUCH OHNE LEID?

17. FEBRUAR 2020

JEDES MENSCHENLEBEN ERFÜLLT EINEN SINN!

JJK: Menschen, die gar nicht mehr weiterkönnen, neigen zu Selbstmordgedanken. Ist das eine Möglichkeit oder eine Lösung?

BABAJI: Eine Möglichkeit, die vieles, was danach geschieht, verunmöglicht. Jeder Mensch, der sich selbst aus dem Leben nimmt, nimmt das Leid, das ihn dazu veranlasst hat, auf die andere Welt mit. Dein Leben ist ewig und geht auf der anderen Seite des Schleiers weiter. Selbstmord ist niemals eine Lösung, auch wenn es für manche Menschen danach aussieht.

JJK: Manches Leid, ob körperlicher oder seelischer Natur, können bestimmte Menschen einfach nicht mehr ertragen und so entscheiden sie sich für die Beendigung ihres Lebens. Das heißt, der Mensch macht danach dort weiter, wo er hier aufgehört hat, somit bringt der Selbstmord nichts. Das ist so weit klar für mich. Was jedoch ist mit jenen Menschen, für die der Selbstmord eine Kurzschlusshandlung darstellt, die diesen womöglich gleich danach bitter bereuen?

BABAJI: Alles Leben ist von Gott und wird von Gott gegeben – und ist durch Gott erhalten. Jedes Leid hat einen Ursprung und eine ihm zugrunde liegende karmische Ursache.

Diese gilt es anzunehmen, sie zu erforschen und damit umgehen zu lernen. Des Weiteren richtet jedes Leid den einzelnen Menschen auf das Wesentliche aus. Ein Mensch, der womöglich viele Leben vergeudet hat, erhält dadurch die Gelegenheit, sich zu besinnen und zu sich selbst zurückzufinden.

Jemand, der sich in einer Kurzschlussreaktion vom Körper befreit, wird danach mit seiner Wut, Angst und Hoffnungslosigkeit konfrontiert. Niemand kann vor seinen unerlösten inneren Konflikten und Emotionen fliehen.

Von Bedeutung ist allein, dass ein Mensch sein Leben – gleich welches Leben – als Geschenk erfährt. Jedes Menschenleben erfüllt den Sinn, Gott näher zu kommen. Dabei sind die Wege so unterschiedlich, wie die Menschen unterschiedlich sind.

Großes Glück oder großes Leid wohnen oft Tür an Tür. Jeder Mensch wird auf eine Weise, die ihn zur Umkehr verleitet, zur Umkehr bewegt.

GEHT ES NICHT AUCH OHNE LEID?

JJK: Warum aber ist das Leid immer noch so ein großer Meister für viele. Geht es nicht ohne?

BABAJI: Frei von Leid ist der spirituelle Pfad für keinen einzigen Menschen! Warum? Da jeder Pfad Transformationsschritte beinhaltet und Umstellungen aufwirft, die unbequem und schmerzhaft sind.

Worin besteht der wahre Schmerz des Menschen?

In der Tatsache, dass sich niemand gerne von einem etablierten Weltbild trennt, dass sich niemand gerne von übernommenen Meinungen, Glaubenssätzen und Mustern löst. Es sei denn, ein gewisser Druck ist groß genug, damit das geschehen kann - und dieser Druck macht den Schmerz aus.

Je leichter und gelassener ein Mensch in seine Verwandlung einsteigt, desto Schmerz befreiter ist diese. Schmerz wird immer durch Widerstand erzeugt. Je stärker du dich gegen etwas wehrst, desto größer sind die Schmerzen, wenn es dir genommen werden soll.

JJK: Aber wenn jemand eine unheilbare Krankheit hat oder an das Bett gefesselt ist, ist es dann nicht verständlich, dass dieser gehen und niemandem mehr zur Last fallen möchte?

BABAJI: Alle Beteiligten an dieser Situation haben eine Aufgabe und erlösen auf unterschiedliche Weise ihr eigenes oder fremdes Karma.

Wann ist eine Situation nicht selbst erschaffen? Wenn ein Mensch eine hohe Stufe der Meisterschaft erreicht hat und damit beginnt, für die „Nächsten" Karma abzutragen oder für die ganze Menschheit zu erlösen.

Solche geheiligten Menschen sind die wahren Meister und Gurus, solche wissen um ihre Herkunft und um ihre Aufträge – und sie erfüllen diese in unendlicher Hingabe. Das einzige Leid, das sie kennen, ist die Trennung von Gott.

Bist du dort angelangt, dann erübrigen sich alle Fragen bezüglich des Selbstmordes.

Ich bin BABAJI

Ich bin bei dir, wann immer du mich rufst und wann immer du nach einem treuen Weggefährten für den Pfad der Vollendung Ausschau hältst.

„Ich kann nicht, weil ..." verleiht deinen Aufträgen keine Geltung und gereicht dir nicht zur Ehre!

MEISTER ST. GERMAIN

POSITIVE DYNAMIK IST IN GANG GESETZT

GESPRÄCH MIT
MEISTER ST. GERMAIN

SPREU UND WEIZEN
EVAKUIERUNG DER OBEREN ERDE
WEG DER ERKENNTNIS IST EIN MARATHON

04. MÄRZ 2020

SPREU UND WEIZEN

JJK: Warum können wir sicher sein, dass sich auf der Oberen Erde alles zum Guten und Lichten entwickelt und dass uns das Ganze nicht doch noch um die Ohren fliegt?

MEISTER ST. GERMAIN: ***Die positive und lichtvolle Dynamik ist in Gang gesetzt. Diesen Vorgang kann niemand aufhalten, das heißt auch, dass bestimmte Ereignisse, die viele Menschen von dieser Erde nehmen werden, unvermeidlich sind. Die Spreu muss vom Weizen getrennt werden, ehe die Neue Erde entstehen kann.***

Menschen, die nicht mit der lichten Schwingung mitgehen können oder wollen, werden ein geeignetes Umfeld vorfinden, um ihre Destruktivität ausagieren zu können. DIESE Erde wird DIESES Umfeld nicht mehr bieten.

JJK: Wenn die Erdoberfläche umgestaltet wird, dann wird es ja „drunter und drüber" gehen. Besteht nicht die Gefahr, dass viele Menschen erneut von Schocks heimgesucht und mit Traumata konfrontiert werden?

MEISTER ST. GERMAIN: Dieses Szenario betrifft die Menschen, die sich auf die destruktive Seite schlagen. Sie werden mit ihrer eigenen Entscheidung konfrontiert, das heißt, sie ernten, was sie säen.

Für diese Menschen ist ein Weiterschreiten und Lernen ohne Leid und fern von Schmerzerfahrungen noch unmöglich.

Es sind für jeden einzelnen Menschen Vorkehrungen getroffen worden – und so wird sich ein jeder dort einfinden, wo er erwartet ist.

EVAKUIERUNG DER OBEREN ERDE

Eure Geschwister im Erdinneren und eure Geschwister aus außerirdischen Territorien haben alles für eine eventuelle Evakuierung der Oberen Erde vorbereitet.

Die Ereignisse werden eine bestimmte Intensität haben müssen, damit das Wunder der Verwandlung im Äußeren wie auch im Inneren eines jeden Lebewesens erfolgen kann. Die Seelen bleiben dabei unversehrt und wem es bestimmt ist, der wird seine Transformation im bestehenden Körper weiterführen.

Alles Denkmögliche und Denkunmögliche können geschehen und werden zur Stunde, die da naht, verwirklicht.

JJK: Also werden doch Raumschiffe kommen und uns „retten"?

MEISTER ST. GERMAIN: Die, die es betrifft, ja – und das geschieht bereits heute. Wer jedoch auf seine Rettung im außen wartet, wartet vergebens! Eine wahrscheinliche Evakuierung ist kein Grund, untätig zu sein oder auf ein Wunder zu warten. Denn für den Übertritt in die 5. Dimension muss ein Mensch aus ganzem Herzen bereit sein und über die energetischen Voraussetzungen verfügen.

Wer jetzt seine Transformationsarbeit vernachlässigt, wird dann unvorbereitet sein und sich erheblichen Anpassungsschwierigkeiten gegenübersehen. Die Transformationsarbeit erleichtert den Übertritt in die 5. Dimension.

Das dichte Netz der 3D-Matrix zu entwirren, ist die Aufgabe eines JEDEN, der seinen Aufstieg ernsthaft ins Auge gefasst hat.

JJK: Das heißt: Hilf dir selbst, dann hilft dir Gott!

MEISTER ST. GERMAIN: Es stehen dir heute alle Mittel zur Verwandlung zur Verfügung. Ein reicher Gabentisch ist der Menschheit bereitet. Unzählige Möglichkeiten und vielfältige Transformationsschlüssel sind euch übergeben worden. Diese Geschenke des Himmels anzuwenden, obliegt dir selbst. Wir, aus den lichten Ebenen des Seins, beobachten seit Jahren, dass immer mehr Menschen in ihre Themen einsteigen.

Gleichzeitig beobachten wir, dass viele, die schon einen bestimmten Weg zurückgelegt haben, aussteigen oder aufgeben.

Diese Menschen lade ich heute ein, die spirituelle Spur wieder aufzunehmen, ehe sie ganz verblasst. Denn ein Pfad, der nicht benutzt wird, wird irgendwann unsichtbar. Ein Faktor ist bei allen Bestrebungen entscheidend: Durchhaltevermögen!

WEG DER ERKENNTNIS IST EIN MARATHON

Am Ende siegt nicht der, der die besseren Ideen oder den schnelleren Start hingelegt hat, sondern der, der alle Umstände überwindet, der, der dem Pfad des Lichts treu bliebt und der, der bis zum Ende durchhält.

Der Weg der Erkenntnis ist kein Sprint, sondern ein Marathon. Dabei wird die nötige Ausdauer mit jedem Stück Klärungsarbeit und mit jedem Schatten, den du ins Licht entlassen hast, erworben.

Setze einen Fuß nach dem anderen, gehe dein Tempo und, wenn du Pausen brauchst, ruhe dich aus. Jedoch verliere deinen Weg niemals aus den Augen und büße den Willen, ihn bis zum Ende zu gehen, niemals ein. Allein dafür wurdest du geboren.

Du bist nicht zufällig in dieser Zeit gestrandet oder irrtümlich auf diese Erde hinabgestiegen. Du warst oft auf diesem Planeten und bist auch heute hier genau richtig. Heute setzt du fort, was du vor Äonen begonnen hast. Jetzt gilt es dein Leben zu leben und den Abschluss deines Inkarnationszyklus zu erreichen.

„Ich kann nicht, weil ...“ verleiht deinen Aufträgen keine Geltung und gereicht dir nicht zur Ehre!

Geliebter Mensch,

achte auf dich, indem du dich innerlich immer mehr von dieser Matrix entfernst und gleichzeitig dem Lichte Gottes immer näher kommst. Bewusstseinsarbeit heißt, Hindernisse, die dir den Blick auf das Wesentliche versperren, zu entfernen.

Diese Welt möchte dich binden und die Mächte des kalten Lichts wollen über deinen Genius – als kreativer, beseelter und bedingungslos liebender Mensch – verfügen.

Deine Menschlichkeit ist deren Lebenselixier und sie ernähren sich so lange davon, bis nichts mehr davon übrig ist. Dann ist aus dem Menschen ein „manövrierbarer“ Bio-Roboter geworden, er existiert zwar, doch das Leben ist erloschen.

Bewahre dir deine Menschlichkeit – und wo es dir daran ermangelt, setze dich den notwendigen Heilungsprozessen mit ganzer Hingabe aus. Gib dich dem Lichte Gottes vollkommen hin, das erschafft Selbstbewusstsein und Gottvertrauen – und forme aus dir den Menschen, der du in Wirklichkeit bist.

Jede Heilung ist das Resultat eines Erkenntnisprozesses, jede Krankheit ist die Folge von Unwissen.

Deshalb, geliebter Mensch: Mit ein wenig Übung, Tapferkeit und Ausdauer wirst du diese Zeit meistern.

Am Ende siegt der, der beständig geblieben ist und durchgehalten hat.

Der Weg ist das Ziel und das Ziel ist der Weg. Das ist der Schlüssel für ein geglücktes Menschenleben und für deine Vollendung in Gott.

Ich bin bei dir.
Ich liebe dich unendlich

MEISTER ST. GERMAIN

Was euch schädigt, wird enthüllt – und wer euch schädigt, wird bekannt. Der Umbau der Erde wird sich ereignen und ereignet sich, jedoch, es wird ein Umbau, der zum Lichten und nicht in die Finsternis führt.

SANANDA

DER ENDKAMPF UM DIE MENSCHHEIT HAT BEGONNEN! (5G) TEIL 1

SANANDA

5G-SCHÄDEN WERDEN AUGEN ÖFFNEN!
JETZT EIGENVERANTWORTUNG ÜBERNEHMEN!

08. MÄRZ 2020

5G-SCHÄDEN WERDEN AUGEN ÖFFNEN!

Der Schaden und das Unheil, die der blinde Technologieglaube der Menschheit verursacht, werden den Menschen die Augen öffnen. Nichts kann auf Dauer unter den Teppich gekehrt und nichts auf Dauer vor den Menschen verborgen bleiben. In einer unvorstellbaren Geschwindigkeit gelangt die Wahrheit jetzt an das Licht. Es ist unmöglich, den Angriff auf die Freiheit der Menschheit vor den einzelnen Menschen noch länger zu verbergen.

Tage der Entscheidungen und Tage der Offenbarungen stehen euch bevor. Was euch schädigt, wird enthüllt – und wer euch schädigt, wird bekannt. Der Umbau der Erde wird sich ereignen und ereignet sich, jedoch, es wird ein Umbau, der zum Lichten und nicht in die Finsternis führt.

Viele Menschen werden diese Erde verlassen und viele Menschen werden den Neubeginn gestalten.

JETZT EIGENVERANTWORTUNG ÜBERNEHMEN!

Unter Gottes Führung und mit der Hilfe vieler Wesenheiten aus den Reichen des Lichts wird die Neue Erde Gestalt annehmen.

Für den einzelnen Menschen ist jetzt nur eines von Bedeutung: eigenverantwortliches Handeln.

Durch die Anbindung an Gott und die Verbindung mit der Natur bleibst du zentriert und orientiert.

Die 5G-Technologie wird drastische Folgen für die Natur, die Tierwelt und die Menschen mit sich bringen, Folgen, die nicht verborgen werden können.

Die Menschheit wird darauf antworten und jene Kräfte, die diese Technologie zum Schaden aller und zum Nutzen von Wenigen vorantreiben, werden ihre Daseinsberechtigung auf diesem Planeten verlieren.

Der Endkampf um die Menschheit hat begonnen. Der Einzelne kann diesen Kampf für sich entscheiden, wenn er sich aus dem Bewusstseinsfeld dieser Matrix ausklinkt und in das Bewusstseinsfeld des Lichtes und der Liebe Gottes einklinkt.

Erschaffe dir dein Schutzfeld durch die Energie Gottes und durch deine eigene Manifestationskraft.

Niemand ist auf sich alleine gestellt, ein jeder erhält Hilfe und Unterstützung – ein jeder, der sich dieser Notwendigkeit bewusst ist.

Das Licht Gottes erhellt dein Leben und die Liebe Gottes nährt dich in diesen Stunden.

Ich bin bei dir.

SANANDA

Wer auf einer Welle von Angst segelt, der fällt der Angst selbst zum Opfer.

ATMAR

CORONAVIRUS SOLL DIE MENSCHHEIT UNTERWERFEN!

GESPRÄCH MIT
ATMAR

BLEIBT GELASSEN UND ENTSPANNT!
MIT CORONA ZUR NEUEN WELTORDNUNG?
SICH FÜGEN ODER SICH VERÄNDERN?
DU BIST LIEBE

11. MÄRZ 2020

BLEIBT GELASSEN UND ENTSPANNT!

Die Angst soll euch lähmen, die Furcht vor Ansteckung soll euch mental, emotional, physiologisch und psychologisch außer Gefecht setzen – und genau das gilt es zu verhindern. Panik und Hysterie können nur die Menschen erreichen, die dafür empfänglich sind.

Wie ist vorzugehen?

Achte und beachte, was im außen geschieht! Sei wachsam und beobachte, wie sich die Menschen in deiner Umgebung von der Angstpropaganda anstecken lassen oder aber von ihr unerreicht bleiben. Du wirst die Beobachtung machen, dass nur ein bestimmter Menschentypus – und bei Weitem nicht alle Menschen – auf diese Angstpropaganda anspricht.

Bleib gelassen und entspannt! Führe deine Meditationen weiter aus, wende dich mit jeder Frage an den Meister in deinem Inneren und – wenn Ängste auftauchen – betrachte sie, nimm sie an und untersuche sie auf ihre Herkunft und Berechtigung.

Fahre mit deiner Transformations- und Bewusstseinsarbeit fort und lasse dich von äußeren Ereignissen nicht beirren.

MIT CORONA ZUR NEUEN WELTORDNUNG?

Wenn Regierungen Ausgangssperren verordnen, halte dich daran. Vermeide eine offene Konfrontation mit dem System. Das bindet deine Energien und hält deine Schwingung niedrig. Bei Unzumutbarem sage NEIN. Beobachte, was dein NEIN auslöst und werde dir deiner Stärke und Macht bewusst. Gehe von innen nach außen. Auch deine Freiheit erlangst du zuerst im Inneren.

Das Coronavirus ist die Welle, auf der bestimmte Kräfte zur Neuen Weltordnung segeln wollen. Jedoch eines zeichnet sich ab: Es werden nicht ausreichend genug Menschen von der Angst, die jetzt verbreitet wird, angesteckt.

Bleib im Verhalten nach außen androgyn, das heißt, tritt deinem Umfeld gemäß klug auf, wähle die Worte, die angemessen sind.

Was in deinem Inneren geschieht, offenbare dort, wo Verständnis und Bewusstsein dafür gegeben ist. Nur auf einem fruchtbaren Boden kann ein guter Samen aufgehen. Verschwende keine Perlen an die, die Edles weder sehen noch erkennen können.

JJK: Corona, Flüchtlingskrise, Finanzkrise – alles auf einmal! Was kommt noch?

ATMAR: Der Versuch die Menschheit in einem Kraftakt zu unterwerfen! Dies führt zu erheblichen Verwerfungen und besiegelt das Ende der Kräfte, die diese Politik seit Jahrhunderten verfolgen.

SICH FÜGEN ODER SICH VERÄNDERN?

Jetzt haben die Menschen die Gelegenheit aufzuwachen – und viele Menschen nutzen diese Gelegenheit, während viele untätig und unbewusst bleiben.

Die Zeit, in der jeder Mensch seine Entscheidung trifft, ist gekommen.

Denn du kannst vieles Ertragen und Aushalten, doch ein jeder Mensch kommt irgendwann an den Punkt, an dem er entscheidet, sich weiter zu fügen oder etwas Wesentliches in seinem Leben zu verändern.

Jeder Angriff auf die Freiheit des menschlichen Geistes und Körpers ist die Aufforderung an den Einzelnen, etwas zu verändern – und die Veränderung geschieht zuerst in dir!

Deshalb reife, werde und wachse! Sei du selbst. Du kennst keine Angst, denn du bist die Liebe – und Liebe ist das Gegenteil von Angst. Achte auf dich und verbreite Gelassenheit, Zuversicht und Mitgefühl!!

Begegne dem Treiben auf der Erde mit Frieden, den du innerlich verwirklicht hast. Fahre mit deiner spirituellen Praxis fort!

Hilf dort, wo deine Hilfe angenommen wird, ziehe dich zurück, wo kein Verständnis dafür herrscht.

Das ist deine wahre Macht – bei dir selbst zu bleiben und sich vom Meister in deinem Inneren durch diese Zeit navigieren zu lassen.

Wir befinden uns mitten im Umbruch. Das Alte geht, das Neue entsteht. Es gibt keinen Grund in Sorge oder Angst zu sein, denn ***wer auf einer Welle von Angst segelt, der fällt der Angst selbst zum Opfer.***

Du aber – freue dich, denn ein neuer Anfang wird gemacht. Deine Sehnsucht wird, nach einer kurzen Zeit des Übergangs, gestillt.

Im Lichte sehen wir uns wieder.

Ich bin ATMAR

Es gibt kein Scheitern, sondern es gibt Potenziale, die ergriffen oder ausgelassen werden.

SANANDA

DER ENDKAMPF UM DIE MENSCHHEIT HAT BEGONNEN! (CORONA) TEIL 2

GESPRÄCH MIT

SANANDA

CORONA-KRISE
WANN SIND ÄNGSTE BERECHTIGT?

18. MÄRZ 2020

CORONA-KRISE

JJK: Ist die Corona-Krise auch Teil des Endkampfes, der jetzt begonnen hat? Mittlerweile ist fast die ganze Welt unter Quarantäne?

SANANDA: Alle Ereignisse sind einzelne Teile im großen Bild.

JJK: Wird sich die Corona-Lage wieder beruhigen?

SANANDA: Sie beruhigt sich und wird vergehen, wie alles vergangen ist. Wichtig zu verstehen, ist, dass dies Teil des Umbruches ist und dass wir uns mitten in diesen Umbrüchen befinden. Das ist eine sehr positive Tatsache.

JJK: Was, wenn wir Menschen den Umbruch nicht schaffen, wenn im letzten Moment alles ins Negative und in die Selbstzerstörung kippen würde?

SANANDA: Für diesen unwahrscheinlichen Fall werden alle, die am Projekt Erde teilgenommen und dem Lichte gedient haben, auf einem dieser Erde ähnlichen Planeten wiedergeboren. Auf diese Weise kann der Wandel vollendet werden.

Es gibt kein Scheitern, sondern es gibt Potenziale, die ergriffen oder ausgelassen werden.

JJK: Ich merke jetzt, wo wir in Europa auf den Höhepunkt der Corona-Krise zusteuern, wie viele Menschen mit ihren unerlösten Ängsten konfrontiert werden. Ich bin davon genauso betroffen, wie jeder Mitmensch. Meine Frage ist daher: „Gibt es einen Punkt, an dem Ängste berechtigt sind?"

WANN SIND ÄNGSTE BERECHTIGT?

SANANDA: Ängste gilt es aufzuweichen und zu erlösen – Verantwortung, Weitsicht und Vorsicht – das sind die Kategorien, in denen es zu denken und handeln gilt. Wer vorausschauend eine unerwünschte Entwicklung erkennt, der weiß sich richtig zu verhalten. „Vorsorge" braucht ein Bewusstsein, braucht Klugheit und Menschenverstand.

JJK: Existenzängste sind also bis zu einem bestimmten Grad berechtigt?

SANANDA: Jemand, der um sein tägliches Brot kämpfen muss, der lebt mit dieser Angst. Diese kann nur erlöst werden, wenn genug Brot da ist! Viele Menschen leiden jedoch an eingebildeten Existenzängsten oder aber umgekehrt daran, dass sie jede Gefahr ignorieren. „Gott wird mich behüten", sagen sie, und lassen sich zu großen Dummheiten hinreißen oder sie leben eigene Muster, Wünsche und Vorstellungen rücksichtslos aus.

„Ich gebe das an Gott ab", wird gerne gesagt. Die Eigenverantwortung abzugeben – an wen auch immer – ist keine Lösung. Weise ist: alles Menschenmögliche für eine richtige Entscheidung in Betracht zu ziehen und erst dann alles Gott zu überlassen. Dann bist du behütet[12]. Gehst du bei Regen vor die Tür, wirst du nass. Hier gilt es genau zu sehen, was dich antreibt. Dies gilt auch für alle Ängste – gleich welcher Art.

Untersuche, ob sie real, nachvollziehbar und schlüssig – oder aber eingebildet sind, dann arbeite sie auf der Ebene auf, auf der sie auftreten. Manchmal löst ein klein wenig Vorsorge die Existenzängste auf. Es sind oftmals ganz praktische Maßnahmen, die du treffen kannst, und nicht immer ist es die Meditation, die die alleinige Lösung bietet. Was keine Grundlage hat, das mache dir bewusst und löse im göttlichen Lichte auf.

JJK: Im Buch „Wandel der Herzen" (Meisterdialoge 5) wurde uns von MEISTER ST. GERMAIN gesagt, der finale Umbruch dauert 21 Tage[13&14], das heißt, man kann das ja durchwegs auch abwarten und nichts tun?

SANANDA: Dem finalen Umbruch geht eine ganze Kette von Ereignissen voraus. Der finale Umbruch wird durch viele einzelne Ereignisse vorbereitet und ausgelöst. Dafür gilt es innerlich und auch äußerlich gewappnet zu sein. Wahr ist:

Wer eine spirituelle Lebensweise verinnerlicht hat, der bleibt auch in der größten Krise gelassen.

JJK: Ich merke es bei mir, jetzt – wegen Corona – ich bin weitgehend ruhig, aber wenn die Umgebung panisch ist, dann wird man leicht davon angesteckt. Gibt es ein Mittel dagegen oder dafür? Vor allem die Angst ist ansteckend.

SANANDA: Das Gebet, die Meditation und eine konstante Verbindung zu deiner Seele! Kurzzeitige Irritationen können immer auftreten, entscheidend ist nur, wie lange diese Zustände anhalten und wie rasch du dich davon lösen, das heißt, sie transformieren kannst.

JJK: Ich habe das Gefühl, dies ist das letzte Kapitel für dieses Buch und dass wir das Gespräch im April – nachdem die Corona-Krise abflacht – noch einmal aufnehmen.

SANANDA: So ist es und so geschieht es. Wir vollenden dieses Buch, damit sich die Menschen vollenden können.

In unendlicher Liebe
SANANDA

Die Zeit kann nicht mehr auf „vor Corona" zurückgedreht werden, der lichte Geist der Wahrheit ist aus der Flasche.

MEISTER ST. GERMAIN

CORONA-STILLSTAND RÜTTELT MENSCHEN WACH!

GESPRÄCH MIT
MEISTER ST. GERMAIN

PANIK NIMMT AB!
DAMIT POLITIKERN EIN LICHT AUFGEHT
EXISTENZÄNGSTE BEWÄLTIGEN
POSITIVE ASPEKTE UND ECHTE CHANCEN
DER LICHTE GEIST IST AUS DER FLASCHE

26. MÄRZ 2020

PANIK NIMMT AB!

JJK: Etwas scheint sich in der Corona-Krise in eine positive Richtung zu verschieben. Seit gestern ist mir, als ob es weniger Angst gäbe und die kollektive Panik generell abnähme?

MEISTER ST. GERMAIN: Die Erwachten bringen ihr Urvertrauen ein, das heißt, sie lassen Liebe fließen. Das reichert das menschliche Kollektiv mit leichter und inspirierender Energie an. Das erzeugt in der Folge neue Gefühle und Gedanken. Das nimmst du wahr und das beginnt sich jetzt auszuwirken.

JJK: Wie kann sich das konkret auswirken?

MEISTER ST. GERMAIN: Sobald Ängste abnehmen oder verschwinden, herrscht Klarheit, denn das ist es, was es in der aktuellen Situation am meisten braucht. Das führt dazu, dass die Ursachen dieser Krise an das Licht der Öffentlichkeit gelangen – und somit auch alle Täuschungen, die damit verbunden sind.

Der Aufdeckungsprozess ist im Gange und nicht nur das Virus, sondern auch die Kräfte, die es ausgebracht haben, sind angezählt.

JJK: Könnte es jetzt eine erhebliche Gegenreaktion der Dunkelkräfte geben? Wer will schon auffliegen? Könnte es sein, dass es noch schlimmer wird, ehe es besser werden kann, dass die Maßnahmen von Quarantäne und Überwachung zunächst noch drastischer werden?

DAMIT POLITIKERN EIN LICHT AUFGEHT

MEISTER ST. GERMAIN: Die Maßnahmen werden ersonnen, da die Politiker selbst von Angst getrieben sind. Deshalb ist es entscheidend, dass die kollektive Angst jetzt abnimmt. Das ermöglicht, dass auch den Politikern, von denen die meisten in guter Absicht handeln, ein Licht aufgeht.

Die Politik der Einschränkungen wird nicht mehr lange aufrechtzuerhalten sein, denn ein neuer Wind zieht auf.

JJK: Derzeit wird den Menschen bewusst, welcher immense Schaden durch das Herunterfahren des Systems erzeugt wurde. Die Weltwirtschaft steht vor dem Kollaps und obwohl diesem Finanzsystem kaum jemand nachweinen wird, stehen viele Menschen vor dem Nichts und sie haben Existenzängste, die berechtigt und nicht vom Tisch zu wischen sind. Was sagst du diesen Menschen?

EXISTENZÄNGSTE BEWÄLTIGEN

MEISTER ST. GERMAIN: Es gibt viele Wege in das Licht, jedoch irgendwann muss der Mensch einen der Wege wählen. Was ich damit sage, ist, dass sich jedem Menschen neue Möglichkeiten erschließen werden, wenn er bereit ist, eine andere Wirklichkeit anzuerkennen.

Sich für Hilfe und Gnade zu öffnen, das ist der Weg. Dadurch dass die meisten Menschen der rein materiellen Illusion erliegen und von ihrer spirituellen Wirklichkeit abgekoppelt sind, gibt es keine positiven Perspektiven und kein Vertrauen. Das schürt die Verzweiflung und Hoffnungslosigkeit.

Die Rückbesinnung auf sich selbst und die Zurückerlangung von Urvertrauen können bei manchen Menschen nur durch Krisen erwirkt werden. Diese Krisen sind dann echte Chancen.

Sobald also der einzelne Mensch diese wertvolle Lektion verstanden hat, geschehen die Wunder, die es für ein menschenwürdiges Leben in der Materie braucht. Diese Krise ist eine große Chance zur Rückbesinnung auf das Wesentliche und zur Bewusstwerdung!

POSITIVE ASPEKTE UND ECHTE CHANCEN

JJK: Doch dann gibt es in dieser Situation auch sehr positive Aspekte. Die Menschen kommen zur Ruhe, das Leben steht still. Der Himmel ist plötzlich klar und Wolken sind Wolken – anstatt von Chemtrails aufgeblasene Gebilde. Die Luft ist anders, irgendwie reiner und auch den Gewässern tut die Schifffahrtspause bestimmt gut.

Meere können sich erholen und womöglich muss ja wegen Corona auch die Abholzung des Regenwaldes eingestellt werden?

Auch 5G ist vorerst zumindest gestoppt! Bedeutsam ist auch der Aspekt, dass die Menschen jetzt sehr direkt mit sich selbst konfrontiert werden.

Das kann am Ende völlig neue Sichtweisen hervorbringen – und auch wenn das für viele Eltern, vor allem für Alleinerziehende, sehr schwer zu handhaben ist, lernen die Kinder jetzt zu Hause und sind von der staatlichen „Zwangs-Beschulung“ befreit. Dafür gehen sie gerne für betagte Nachbarn einkaufen und sie finden einen eigenen Rhythmus beim Lernen und Spielen – oder beim Lernen durch Spielen.

Auf unterschiedlichen Ebenen ist diese Krise eine echte Chance – oder?

MEISTER ST. GERMAIN: Für jeden, der diese Chance nützt – ja! Denn jede Einschränkung ist eine Aufforderung, dich mit dir selbst auseinanderzusetzen. Auch auf der Beziehungsebene stellt sich jetzt sehr viel um. Familien wachsen noch tiefer und enger zusammen oder aber sie driften auseinander. Was UNECHT ist, wird aufgelöst, nur WAHRES bleibt bestehen.

Mutter Erde ist imstande, sich sehr schnell zu regenerieren. Auch das wird euch jetzt bewusst.

Sobald diese Krise vorbei ist, wird die Menschheit jedoch zum alten Verhalten zurückkehren wollen. Doch das ist nur von kurzer Dauer.

DER LICHTE GEIST IST AUS DER FLASCHE

Die Zeit kann nicht mehr auf „vor Corona" zurückgedreht werden, der lichte Geist der Wahrheit ist aus der Flasche.

Der Corona-Stillstand rüttelt ausreichend viele Menschen wach, sodass nach und nach destruktive Pfade verlassen werden können.

JJK: Sind weitaus größere Einschnitte oder sogar Kataklysmen notwendig, damit der Wandel geschehen kann?

MEISTER ST. GERMAIN: Ja! Die wirklich großen Umstellungen stehen noch aus. Jetzt ist der Umbau der menschlichen Gesellschaft auf der Oberen Erde in eine neue Phase getreten – von nun an geht es immer schneller.

Wichtig für den einzelnen Menschen ist jetzt, bei sich selbst zu bleiben, das heißt, ein unerschütterliches Urvertrauen in die Schöpfung und in Gott zu entwickeln. Jede Krise ist eine Chance für inneres Wachstum.

So lässt auch diese Situation viele Menschen aufwachen und „er-wachsen" werden – und das heißt, weniger Angst und mehr Liebe. Das führt insgesamt zu einem milderen Verlauf im Prozess des Wandels.

Einmal mehr werden die Dunkelkräfte demaskiert, sodass sich weitere Menschen von der Illusion der Knechtschaft befreien können.

Wahre Freiheit ist das Geschenk, dass sich ein jeder Mensch selbst macht – und diese Tage laden dich dazu ein.

Ehe alles gewandelt ist, wirst du verwandelt. Deine Wiedergeburt ist das Ziel – und du erreichst es mit verwirklichter Liebe, mit unerschütterlichem Urvertrauen und mit bedingungsloser Hingabe an Gott.

Das ist die Lichtspur in das Goldene Zeitalter[15], die neue Menschheit erblüht auf diesem Boden.

Ich bin MEISTER ST. GERMAIN

Eure Anführer sind verblendet
und die, die offenen Geistes und
mitfühlenden Herzens sind,
machen sich bereit.
Womöglich ist die Rede von dir?

MEISTER ST. GERMAIN

QANON UND DONALD TRUMP

GESPRÄCH MIT
MEISTER ST. GERMAIN

CORONA – DAS TROJANISCHE PFERD ZUR NWO

29. MÄRZ 2020

JJK: Viele Menschen glauben daran, dass JETZT der „große Umbruch" geschieht. Sie leiten von QAnon ab, dass Donald Trump den Tiefen Staat aushebeln wird und dass wir dann in ein friedliches Zeitalter eingehen. Sogar das Corona-Virus soll jetzt dazu führen, dass diese Umstellung in Ruhe, da alle Menschen wegen angeblicher Ansteckung zu Hause bleiben müssen, geschehen kann. Ich selbst sehe, dass die Quelle „Q" eine wichtige Rolle für die Eliten (es können durchwegs auch die lichtvollen Eliten sein) erfüllt, sie bündelt nämlich die Energien der alternativen Szene und sie vermeidet somit eine blutige Auseinandersetzung oder Revolution. Somit neigen an und für sich sehr intelligente Menschen zu der Annahme, dass der Wandel durch andere – oder von „oben" – geregelt wird und nicht von ihnen selbst. Auch Donald Trump ist für mich nach wie vor sehr widersprüchlich. *„Diese Wesenheit (Donald Trump) hat die Aufgabe übernommen, den völligen Absturz seines Volkes aufzufangen. Es gilt eine Basis für einen so weit wie möglich milden Übergang in die Neue Zeit zu legen. Die Vereinigten Staaten vom Amerika beginnen damit, sich wieder auf sich selbst zu besinnen. Dabei werden sie mit ihrem Karma konfrontiert. (...) Insgesamt seid euch gewiss, diese Wesenheit (Donald Trump) erfüllt seine Aufträge und sie steht selbst nicht in dem tiefen Sumpf, der jetzt trockengelegt wird."* (Du bist behütet [16])

Fest steht, er gehört nicht zum Tiefen Staat – zu den Bushs, Clintons, Obamas & Co. Doch ist er deswegen gleich der „Retter"? Gibt es außer uns selbst einen „Retter"? Meine Frage: Was ist wahr und was ist unwahr?

MEISTER ST. GERMAIN: Der Wandel geschieht und ereignet sich in dem Moment, in dem sich eine bestimmte Zahl von Menschen von diesem System wirklich zurückzieht und abmeldet. Je mehr Menschen sich verweigern, umso näher seid ihr dem Wandeln. Die von dir genannte Quelle und der von dir erwähnte Präsident erfüllen im Wesentlichen eine „Kanalisierungsfunktion", sodass sich bestimmte destruktive Energien von Lichtkriegern nicht entladen. Dadurch gewinnt ihr Zeit – und Zeit ist, vor allem jetzt, wo ihr es kaum noch erwarten könnt, das Wichtigste.

WUNDER GESCHEHEN IM GROSSEN AUSMASS

JJK: Liege ich mit meiner Einschätzung also richtig?

MEISTER ST. GERMAIN: Nach Ostern 2020 werden viele desillusioniert aufwachen und sie werden sich auf sich selbst besinnen müssen. Genau darum geht es jetzt, das heißt, Hilfe und Unterstützung sind gegeben. Wunder geschehen in einem großen Ausmaß, doch sie geschehen so, wie ihr es kaum vermutet.

Dabei bleiben sie so lange unsichtbar, solange ihr euch selbst - nicht sichtbar, sondern unaufgeregt - diesem System der Unterdrückung und Sklaverei entzieht.

Es ist ein Wunder, das sich mit der Menschheit in diesen Tagen ereignet, ihr erwacht und es werden täglich mehr und mehr - das bringt alles auf den Weg.

JJK: Ist Corona das Trojanische Pferd zur NWO?

MEISTER ST: GERMAIN: Es sieht danach aus. Doch das täuscht. Das Unausweichliche hat nur noch eine kurzen, dafür aber umso überzeugenderen Auftritt, danach dreht der Wind ein letztes Mal und mit einem Schlag wird dieser Spuk beendet sein.

Bis dahin bleibt bei euch selbst, bleibt im Frieden, beginnt damit, eure Handys zu Hause zu lassen. Gewöhnt auch daran, eure Mobilfunktelefone nicht überall hin mitzunehmen. Genießt dieser Freiheit und fühlt sie! Verweigert euch Impfungen und der Verchippung! Sagt NEIN, auch unter Androhung von Konsequenzen!

Ansonsten bleibt im Frieden, klärt euch selbst und klärt eure Mitmenschen auf. Entwickelt tiefes Mitgefühl für jene, die vorgeben, viel zu wissen, die aber von den Dingen, die die Welt im Kern wirklich bewegen, wenig ahnen.

Eure Anführer sind verblendet und die, die offenen Geistes und mitfühlenden Herzens sind, machen sich bereit. Womöglich ist die Rede von dir?

Ich bin MEISTER ST. GERMAIN

Jedes jetzt bevorstehende
Ereignis dient der Reinigung
des Planeten und
der Bewusstwerdung
der Menschen.

SANANDA

WAS STEHT UNS BEVOR?

GESPRÄCH MIT
SANANDA

DIE „PROPHEZEIUNGEN VON GARABANDAL“
AUFHEBUNG DER ZEIT
NICHT ALLE SIND MENSCHEN
ES GEHT SEHR SCHNELL

15. APRIL 2020

DIE „PROPHEZEIUNGEN VON GARABANDAL"

JJK: Fast ein Monat ist seit unserem letzten Gespräch (Endkampf um die Menschheit, Teil 2) vergangen. Damals hat die Corona-Hysterie in Europa begonnen. Heute flacht sie tatsächlich etwas ab und auch die Menschen scheinen sich vom ersten Schock erholt zu haben. Dennoch sehe ich, dass sich unser Zusammenleben dauerhaft verändern wird. Sehr bald schon werden wir mit Überwachungsmaßnahmen, wie wir sie ansonsten nur aus China kennen, konfrontiert. Die Ortung aller Menschen via Corona-App ist da nur ein Beispiel. Ganz bestimmt ist das in Kombination mit 5G eine sehr gefährliche Entwicklung. Ich sehe auch, dass die Corona-Krise am Beginn von weiteren Ereignissen steht, die die Welt von Grund auf – am Ende ins Lichte – verändern sollen. In den „Prophezeiungen von Garabandal"[17] *(in San Sebastián de Garabandal, einem kleinen Bergdorf in Nordspanien, haben sich Mutter Maria, Erzengel Michael und Erzengel Gabriel zwischen 1961 und 1965 vier Mädchen gezeigt; über 2000 Erscheinungen sind registriert)* wird von einer „Aufhebung der Zeit" gesprochen und dass die Menschen den Zustand ihrer Seele sehen werden.
Auf diese Weise wird ein jeder Mensch noch einmal eine Einladung zur Umkehr erhalten. Von einem „Wunder", das jeder Mensch auf der Erde sehen wird können und von völlig unvorstellbaren Ereignissen, die von Gott direkt kommen, ist darin die Rede.

Und dann heißt es: *„Wenn sie sehen, dass die hl. Messe nicht mehr frei gefeiert werden kann, dann wird die Welt es am notwendigsten haben, dass Gott eingreift."*[17]
Und genau das ist jetzt der Fall – Kirchen sind geschlossen, Messen abgesagt und sogar der Papst hat sich im Vatikan zurückgezogen.
Was steht uns bevor?

SANANDA: Geliebte Menschen, fürchtet euch nicht! Die Tage entfalten ihre Kraft, alles verändert sich und stellt sich um. Die Menschheit wird erwachen, doch jene, die nichtmenschlicher Abstammung sind, werden am Ende der Offenbarungen, die jetzt bevorstehen, diese Erde verlassen. Was sich jetzt ereignet, ist der große Umbruch, an deren Ende den Menschen die Erde wieder in ihre Obhut gegeben wird.

JJK: Was dürfen wir jetzt unmittelbar nach der „ersten" Corona-Krise, denn ich bin überzeugt, dass da noch mehr kommt, erwarten?

AUFHEBUNG DER ZEIT

SANANDA: Die Zeit der sichtbaren Umbrüche hat begonnen und die Menschen erhalten die Gelegenheit zur Selbst- und Rückbesinnung. Der Tag, an dem die Zeit aufgehoben wird, steht wahrlich bevor.

JJK: Was ist das für ein Ereignis?

SANANDA: Die Schwingung der Erde wird für eine kurze Dauer so weit erhöht, sodass ein jeder Mensch in das eigene Spiegelbild blicken kann – und muss!

Jeder Mensch wird die Gelegenheit erhalten, sich im Lichte Gottes selbst zu betrachten. Die noch unerlösten Themen werden ans Licht gebracht. Kein Mensch auf Gottes Erde wird diesem Lichte ausweichen können. An diesem Punkt trennt sich die Spreu vom Weizen. Es ist die letzte Gelegenheit zum Erwachen, ehe die Welten getrennt werden.

JJK: Werden wir mit Erdbeben, Vulkanausbrüchen, Krankheiten oder Seuchen konfrontiert? Oder gar mit der Polumkehr?

SANANDA: Alles, was du hier beschreibst, ist schon im Gange. Die, die im Gottvertrauen sind, werden direkt von Gott durch diese Zeit geleitet.

Jedes jetzt bevorstehende Ereignis dient der Reinigung des Planeten und der Bewusstwerdung der Menschen.

Jedoch nicht alle Wesenheiten auf dieser Erde sind Menschen.

NICHT ALLE SIND MENSCHEN

JJK: Im Buch „Telos 2 – Tage des Aufbruchs", an dem ich derzeit schreibe, hat mir Adama von Telos gesagt, dass es auf der Erde 3,8 Milliarden Bio-Roboter gibt – Wesenheiten nichtmenschlicher Abstammung.

SANANDA: Darüber hinaus gibt es weitere 2 Milliarden Wesenheiten, für die die Erde nicht der Ursprungsplanet ist. Die Erde wird den Menschen, die hier seit Äonen Wurzeln gefasst haben, zurückgegeben.

Alle Übergriffe, die widernatürlichen Eingriffe und der Missbrauch des Planeten und der menschlichen Ur-Rasse enden an diesem Punkt in der Zeit. Die Ereignisse, die jetzt folgen, führen die Menschen aus dem Dunkel in das Licht.

Stärkt euer spirituelles Immunsystem. Festigt eure Nähe zu Gott, zum Licht, zu den Erzengeln und zu den Aufgestiegenen Meistern. Innerlich orientiert zu bleiben, wenn die Welt im außen zusammenbricht, ist nur möglich, wenn du mit deiner Seele und mit Gott verbunden bist.

Fürchte dich vor nichts und niemandem, denn nichts und niemand hat Macht über dich, sobald du dein Leben vollkommen in die Hände Gottes legst.

ES GEHT SEHR SCHNELL

JJK: Ich habe auch das Gefühl, dass alles sehr schnell gehen wird?

SANANDA: Ab einem bestimmten Punkt geht es sehr schnell – und diesem Punkt kommen wir immer näher.

JJK: Das heißt, alles, auch der Kindesmissbrauch, der Satanismus, die dunkelsten Geheimnisse bestimmter Mächte auf diesem Planeten werden jetzt enthüllt?

SANANDA: Alles gelangt an das Licht. Das ist unumkehrbar.

JJK: Ich fühle, dass das Gespräch ausklingt...

SANANDA: Geliebter Mensch, du erlebst eine Zeit von unermesslicher göttlicher Gnade. Gottes Wirken ist auf der Erde sichtbar und die Menschen erwachen. Mit großer Intensität wird die Reinigung des Planeten fortgesetzt. Während dieser Zeit finde Halt in Gott. Halte deine Schwingung rein, festige und erhöhe sie – und durch folgende zwei Affirmationen wird das erreicht:

ICH BIN DER WEG, DIE WAHRHEIT UND DAS LEBEN.
ICH BIN DER WEG, DIE WAHRHEIT UND DAS LEBEN.
ICH BIN DER WEG, DIE WAHRHEIT UND DAS LEBEN.

und / oder

OM NAMAH SHIVAYA
OM NAMAH SHIVAYA
OM NAMAH SHIVAYA

„Betet das Mantra OM NAMAH SHIVAYA und ihr könnt sogar den Tod überwinden. Sorgt euch weder um Leben oder Tod. Nichts kann euch etwas anhaben, wenn ihr mit reinem Herzen und lauterem Geiste, mit tiefem Vertrauen und ganzer Konzentration betet." (Anm. JJK[18]).

Trage diese zwei Gebete stets in deinem Herzen, denn die Nähe zu Gott wird durch deine ständige Hingabe erreicht. Du kannst beide Gebete variieren oder dich in ein Gebet vertiefen. Was immer du wählst, es stärkt dich und es erzeugt eine konstante Anbindung an das göttliche Licht und das Göttliche in dir.

Ich bin bei dir und Gottes Engel sind für dich da.
Die Liebe fließt, das Licht leuchtet und die Gnade ist allgegenwärtig – Erde und Menschen finden gemeinsam in ihren Ursprung zurück.

Gott ist allgegenwärtig und Gott ist mit dir.
In unendlicher Liebe

SANANDA

UNABÄNDERLICH

Langes Warten endet jäh.
Die Tage kommen näher.
Weites Land eröffnet sich.
Eine Welt wird neu erschaffen.

Hoch und höher ragt hinaus,
was heute undenkbar ist.
Die Verfolgten werden siegen.
Die Verschmähten werden emporwachsen.

Abschluss und Neubeginn,
Vergehen und Entstehen,
Tod und Leben.
Alles zugleich und unabänderlich.

JAHN J KASSL

LITERATUR- UND QUELLENVERZEICHNIS

1 Bibel, Offenbarung 13, https://bibeltext.com/revelation/13-17.htm

2 Lichtspur in das Goldene Zeitalter, Edition Meisterdialoge 6, Lichtwelt Verlag 2019, https://lichtweltverlag.at/produkt/lichtspur-in-das-goldene-zeitalter/

3 „Als morphisches Feld (engl. „morphic field"), ursprünglich auch als morphogenetisches Feld, bezeichnet der britische Biologe Rupert Sheldrake ein hypothetisches Feld, das als „formbildende Verursachung" für die Entwicklung von Strukturen sowohl in der Biologie, Physik, Chemie, aber auch in der Gesellschaft verantwortlich sein soll. (Quelle Wikipedia: https://de.wikipedia.org/wiki/Morphisches_Feld

4 Installation des kosmischen 5G-Schutzgitters im morphischen Feld, 106. Lichtlesung, https://lichtweltverlag.at/2019/11/20/installation-des-kristallinen-5g-schutzgitters-im-morphischen-feld/

5 SUREIJA OM ISTHAR OM

SU = das Siegel

REI = des Allmächtigen

JA = in Ewigkeit

OM = der Eine Gott, in Schwingung, in jeder Form und ohne Form

ISTHAR = den Menschensöhnen und Menschentöchtern gegeben, in Ewigkeit.

OM = der Eine Gott, in Schwingung, in jeder Form und ohne Form

https://lichtweltverlag.at/2019/02/01/das-mantra-aller-mantren-sureija-om-isthar-om/

6 https://de.wikipedia.org/wiki/Amun

7 Die Jesus Biografie 1, Lichtwelt Verlag, 3. Auflage, 2016, https://lichtweltverlag.at/produkt/jb1/

Die Jesus Biografie 2, Lichtwelt Verlag, 2011, https://lichtweltverlag.at/produkt/jb2/

8 https://sport.orf.at/stories/3054522/

9 https://www.sein.de/news/2010/05/haben-babys-von-geburt-an-ein-gefuehl-fuer-moral/
https://medicalxpress.com/news/2010-05-psychologists-babies-wrong-months.html

10 2026 – Die Offenbarungen Gottes, Manuskript für den Planeten Erde, S. 92ff, https://lichtweltverlag.at/produkt/2026/

11 https://lichtweltverlag.at/2019/11/25/co2-ist-das-gas-des-lebens/

12 Du bist behütet, Meisterdialoge 7, Lichtwelt Verlag 2019, https://lichtweltverlag.at/produkt/du-bist-behuetet/

13 Wandel der Herzen, Meisterdialoge 5, Lichtwelt Verlag 2018, https://lichtweltverlag.at/produkt/wandel-der-herzen/

14 Der finale Umbau dauert 21 Tage!, https://lichtweltverlag.at/2018/12/28/der-finale-umbau-dauert-21-tage/

15 Lichtspur ins Goldene Zeitalter, Meisterdialoge 6, Lichtwelt Verlag, 2019, https://lichtweltverlag.at/produkt/lichtspur-in-das-goldene-zeitalter/

16 Du bist behütet, Meisterdialoge 7, S. 155 ff., Lichtwelt Verlag, 2019, https://lichtweltverlag.at/produkt/du-bist-behuetet/

17 Die Botschaften von Garabandal riefen die Menschen zu Umkehr und Buße auf, sprachen aber auch von zukünftigen Ereignissen, die sich zu Lebzeiten des vierten Papstes zutragen würden, der auf Johannes XXIII. folgen würde – also Benedikts XVI., auch wenn längst Franziskus amtierender Papst ist. Zuerst würde es zu einer weltweiten Warnung kommen, um die Menschen zur Bekehrung aufzurufen, dann, innerhalb eines Jahres, zu einem großen Wunder in Garabandal. Das Sehermädchen Conchita erklärte dazu: „Die Warnung ist eine Sache, die direkt von Gott kommt.

Alle Menschen auf der Erde werden sie sehen können, egal wo immer sie sich auch befinden sollten. Es wird eine Offenbarung unserer Sünden sein. Gläubige wie Ungläubige aller Erdteile werden sie sehen und spüren..."(...) Der Zeitpunkt, so Conchita, sei gekommen, „wenn sie sehen, dass die hl. Messe nicht mehr frei gefeiert werden kann; dann wird die Welt es am notwendigsten haben, dass Gott eingreift." (...)
Tatsache ist, dass erst durch die Corona-Krise, zum ersten Mal in der 1700-jährigen Geschichte des christlichen Abendlandes, praktisch in ganz Westeuropa die öffentliche Feier des Messopfers verboten wurde.
http://www.kath.net/news/71173/print/yes
https://www.gehvoran.com/2016/12/die-botschaft-von-garabandal-ueber-die-aufhebung-der-zeit/
http://www.kathpedia.com/index.php?title=Garabandal

18 „Betet das Mantra OM NAMAH SHIVAYA und ihr könnt sogar den Tod überwinden. Sorgt euch weder um Leben oder Tod. Nichts kann euch etwas anhaben, wenn ihr mit reinem Herzen und lauterem Geiste, mit tiefem Vertrauen und ganzer Konzentration betet." (Babaji spricht: Prophezeiungen und Lehren, Seite 22)
„Ein Sturm tobte, als Babaji sprach, und er bezog sich in seiner Rede darauf: 'Verhaltet euch ruhig während der Katastrophe. Fordert mich nicht heraus. Konzentriert euch auf das Mantra OM NAMAH SHIVAYA. Mit diesem Mantra könnt ihr alles gewinnen, es ist stärker als alle Bomben.' Babaji erwähnte die Freiheit, von der alle Politiker reden und die sie versprechen. Dann sagte er mit Nachdruck: ‚Diese Art von Freiheit ist keine Freiheit. Wenn ihr arbeitet und es verdient, werde ich euch eine größere Freiheit zeigen – größer als ihr sie euch jemals erträumt habt.'"
(Babaji spricht: Prophezeiungen und Lehren, Seite 24 ff.)

PUBLIKATIONEN JAHN J KASSL

ENTSCHEIDENDE JAHRE DER MENSCHHEIT
Lichtwelt Verlag, gebundene Ausgabe (2020)

DU BIST BEHÜTET
Lichtwelt Verlag, gebundene Ausgabe (2019)

LICHTSPUR IN DAS GOLDENE ZEITALTER
Lichtwelt Verlag, gebundene Ausgabe (2019)

SPRACHE DER SEELE - 13 SCHLÜSSEL DES LEBENS
Lichtwelt Verlag, gebundene Ausgabe (2019), eBook (2011)

WANDEL DER HERZEN
Lichtwelt Verlag, gebundene Ausgabe (2018)

ATMAR - JENSEITS ALLER KONZEPTE
Lichtwelt Verlag, gebundene Ausgabe (2018)

KURS ZUR FREIHEIT - BABAJI
Lichtwelt Verlag, gebundene Ausgabe (2018), eBook (2012)

IM ZEICHEN DES WANDELS
Lichtwelt Verlag, gebundene Ausgabe (2018)

JETZT BIST DU DA - TAGEBUCH EINES ERWACHENS
GESPRÄCHE MIT JESUS SANANDA
Lichtwelt Verlag, gebundene Ausgabe (2017)

KURS IM KREIEREN - PAUL DER VENEZIANER
Lichtwelt Verlag, gebundene Ausgabe (2017), eBook (2012)

DIE ERDE WIRD NICHT ZERSTÖRT!
Lichtwelt Verlag, gebundene Ausgabe (2017)

30 TORE ZUR ERLEUCHTUNG
Lichtwelt Verlag, gebundene Ausgabe (2017), eBook (2012)

ES WIRD STILL AUF DIESER WELT
Lichtwelt Verlag, gebundene Ausgabe (2016)

DIE JESUS BIOGRAFIE - TEIL I
Lichtwelt Verlag, gebundene Ausgabe 3. Auflage (2015), eBook (2010)

DIE GROSSE ZEIT IST GEKOMMEN
Lichtwelt Verlag, gebundene Ausgabe (2015)

KRISTALLWÜRFEL DES AUFSTIEGS - MIT ARBEITSBUCH
Lichtwelt Verlag, Sondereinband (2015)

LICHT I - HEILUNG DURCH GOTT
Lichtwelt Verlag, gebundene Ausgabe 2. Auflage (2018), eBook (2011)

ELIJA PROPHEZEIUNGEN 49 - 65,
FÜR ALLE 4D-WELTEN BIS IN DAS JAHR 3000
Lichtwelt Verlag, eBook (2014)

TELOS, WILLKOMMEN IN AGARTHA
Lichtwelt Verlag, gebundene Ausgabe (2020, 2015, 2014), eBook (2015)

LEBEN, BAND I
Lichtwelt Verlag, gebundene Ausgabe (2013), eBook (2014)

ELIJA PROPHEZEIUNGEN 1-48
Lichtwelt Verlag, eBook (2013)

TROMMELSCHLAG DES SCHÖPFERS
Lichtwelt Verlag, eBook (2013)

OFFENBARUNGEN SANANDA - TEIL II
Lichtwelt Verlag, eBook (2012)

DER LICHTNAHRUNGSPROZESS - GRENZERFAHRUNG
IN 21 TAGEN
Lichtwelt Verlag, eBook (2011)

OFFENBARUNGEN SANANDA - TEIL I
Lichtweltverlag, eBook (2010)

DIE JESUS BIOGRAFIE - TEIL II
Lichtwelt Verlag, gebundene Ausgabe (2011), eBook (2010)

2026 OFFENBARUNGEN GOTTES
Lichtwelt Verlag, gebundene Ausgabe (2011), eBook (2010)

LICHT II
Lichtwelt Verlag, gebundene Ausgabe (2009), eBook (2010)

Alle Titel erhältlich im Lichtwelt Verlag – www.lichtweltverlag.at